Psicología de la Bolsa

Por G.C. Selden

Traducción de I.A. Ortega

ISBN: 9798532772984
Publicación independiente

Título original: Psychology of the Stock Market
Edición original publicada en 1912 por Ticker Publishing Company

Nota del traductor y editor

Como creemos que el presente libro es un clásico de bolsa importante para operadores e inversores serios, hemos conservado «dentro de lo posible» la esencia que plasmó el autor original para reproducir de forma prácticamente exacta la obra y las ideas originales del autor. Y al igual que respetamos el trabajo de dicho autor, conservamos la pureza de nuestra bella lengua castellana, por lo que hemos evitado completamente el uso de cualquier anglicismo.

Acerca de I.A. Ortega

I.A. Ortega es un operador de posición desde 2017, que se dedica a negociar acciones y criptomonedas principalmente cuando observa claros indicios de acumulación en tendencias a medio y largo plazo. Es un apasionado por los libros antiguos de bolsa porque en ellos descubrió la esencia REAL de la inversión y la especulación, por lo que cree firmemente que estudiarlos aportarán un gran valor tanto para los novatos como para los más experimentados en los mercados financieros. Él tiene la convicción de que gran parte del conocimiento del pasado todavía se puede aplicar en los mercados actuales con eficacia y sentido común.

Tabla de Contenidos

PRÓLOGO

Este libro está basado en la creencia de que los movimientos de los precios en las bolsas de valores dependen en gran parte de la actitud mental del público inversor y especulador. Es el resultado de años de estudio y experiencia como becario en la Universidad de Columbia, escritor de noticias y estadístico, en la redacción de *The Magazine of Wall Street*, etc.

Este libro está escrito principalmente con el objetivo de ayudar a esa parte importante de la comunidad que está interesada, directa o indirectamente, en los mercados; pero se espera que también pueda tener algún valor científico como discusión preliminar en un nuevo campo, donde las oportunidades para una mayor investigación parecen casi ilimitadas.

G.C. SELDEN

Nueva York, 28 de mayo de 1912

CAPÍTULO I

El Ciclo Especulativo

La mayoría de los operadores profesionales con experiencia en la bolsa de valores admitirán fácilmente que las pequeñas fluctuaciones, que ascienden a unos cinco o diez dólares por participación en las cuestiones especulativas activas, son principalmente psicológicas. Son el resultado de varias actitudes de la mente del público o, más estrictamente, de las actitudes mentales de las personas que están interesadas en el mercado en ese momento.

Estas fluctuaciones pueden basarse, y a menudo se basan, en condiciones «fundamentales», es decir, en cambios reales en las perspectivas de dividendos de las acciones afectadas o en variaciones en la capacidad de ganancia de las empresas representadas, pero también puede que no se basen en dichas condiciones. Los movimientos más grandes del mercado, que abarcan períodos de meses o incluso años, son siempre el resultado de las condiciones financieras generales; pero las fluctuaciones intermedias más pequeñas representan cambios en el estado de ánimo del público, que pueden coincidir o no con alteraciones de los factores básicos.

Para poner de manifiesto hasta qué punto la psicología entra en el problema de la bolsa de un día para otro, solo es necesario crear una conversación entre operadores profesionales como la que se puede escuchar casi cualquier día en New Street o en las cafeterías de la zona.

«Bueno, ¿y tú qué sabes?» le dice un operador al otro.

«Acabo de cubrir mi acción de Steel», es la respuesta. «Demasiada compañía. Todo el mundo parece estar corto».

«Todos los que he visto piensan igual que tú. Cada uno ha cubierto su posición porque piensa que todos los demás están vendiendo a descubierto, pero el mercado no se recupera mucho».

«No creo que quede mucho interés en corto, y si ese es el caso, tendremos otra ruptura».

«Sí, eso es lo que todos dicen y todos han vuelto a vender en corto porque piensan que todos los demás han cubierto sus posiciones. Creo que hay tanto interés en corto ahora como antes».

Es evidente que esta serie de inversiones podría continuar indefinidamente. Estos acróbatas mentales están haciendo una sucesión de volteretas, cada una de las cuales conduce lógicamente a la siguiente, sin llegar nunca a un lugar de parada final.

El punto principal de su argumento es que el estado mental de un hombre que está posicionado en el lado corto del mercado es radicalmente diferente del estado mental de uno que está largo. Todo su estudio, en una conversación de este tipo, es la actitud mental de los interesados en el mercado. Si la mayoría de operadores que entran y salen continuamente en mercados de alta volatilidad están largos, muchos de ellos se apresurarán a vender ante cualquier signo de debilidad y se producirá un descenso. Si la mayoría están cortos, comprarán en cualquier signo de fortaleza y se puede esperar un avance.

Los aspectos psicológicos de la especulación pueden considerarse desde dos puntos de vista, igualmente importantes. Una pregunta es: ¿Qué efecto tienen las diferentes actitudes mentales del público sobre la dirección de los precios? ¿Cómo influyen las condiciones psicológicas en el carácter del mercado?

Una segunda pregunta es: ¿Cómo afecta la actitud mental del operador individual a sus posibilidades de éxito? ¿Hasta qué punto, y

¿cómo puede superar los obstáculos que le ponen en el camino sus propias esperanzas y temores, sus timideces y sus obstinaciones?

Estos dos puntos de vista están tan estrechamente relacionados y entremezclados que es casi imposible considerar uno solo. Habrá que abordar primero el tema de la psicología especulativa en su conjunto, y luego tratar de sacar conclusiones tanto sobre sus efectos en el mercado como sobre su influencia en la fortuna del operador individual.

Como punto de partida, puede ser conveniente trazar brevemente la historia del típico ciclo especulativo, que sigue su curso una y otra vez, año tras año, con infinitas y ligeras variaciones, pero con una similitud sustancial, en todas las bolsas de valores y en todos los mercados especulativos del mundo, y presumiblemente seguirá haciéndolo mientras los precios se fijen por la competencia de compradores y vendedores, y mientras los seres humanos busquen una ganancia y teman una pérdida*.

Tras un período de aburrimiento e inactividad, con pequeñas fluctuaciones y muy poco interés por parte del público, los precios empiezan a subir, al principio de forma casi inapreciable. No aparece ninguna razón especial para el avance, y generalmente se piensa que es meramente temporal, debido a pequeñas operaciones profesionales. Hay, por supuesto, un cierto interés de ponerse corto en el mercado, sobre todo, en este momento, del personaje a veces llamado interés corto «durmiente». Una acción especulativa activa nunca está completamente libre de cortocircuitos.

*El escritor trató este tema muy a fondo en la *Revista Trimestral de Economía*, Vol. XVI, No. 2. El artículo también se encuentra ampliamente resumido y citado en el Vol. VII de «Negocios Modernos», editado por Joseph French Johnson, Decano de la Escuela de Comercio de la Universidad de Nueva York.

Como hay tan poca especulación pública en ese periodo del ciclo, son pocos los que están dispuestos a vender en un avance tan pequeño, por lo que los precios no se encuentran con un gran volumen de toma de beneficios. Los profesionales más pequeños toman el lado corto para un giro del mercado, con la idea de que las fluctuaciones insignificantes sean lo mejor que se puede esperar en este momento y deben ser aprovechadas si se quiere asegurar algún beneficio. Esta clase de ventas hace que los precios vuelvan casi a su antiguo punto muerto.

Pronto empieza otro movimiento alcista poco espléndido, que lleva los precios un poco más arriba que el primero. Unos pocos operadores astutos toman el lado largo, pero el público sigue sin inmutarse y el interés en ponerse corto, que en su mayoría se puso en cifras mucho más altas, todavía se niega a despertar.

Gradualmente los precios se endurecen más y al final avanzan con cierta brusquedad. Algunos de los cortos más tímidos se cubren, tal vez para salvar una parte de sus ganancias o para evitar que sus operaciones se conviertan en pérdidas. El hecho de que un giro alcista está llegando ahora penetra a través de otra capa de densidad intelectual y otra ola de operadores se posiciona en el lado largo. El público observa el avance y empieza a pensar que es posible un mayor repunte, pero que habrá muchas oportunidades de comprar en reacciones del mercado más importantes.

Por extraño que parezca, estas correcciones, excepto las de carácter más insignificante, no aparecen. Los compradores que están en espera no tienen una oportunidad satisfactoria de afianzarse. Los precios empiezan a subir más rápido. De vez en cuando se detienen, pero cuando por fin se produce una reacción real, el mercado parece «demasiado débil para comprar acciones», y cuando empieza de nuevo a subir, a menudo lo hace con un salto repentino que deja a los posibles compradores fuera del mercado.

Al final, los bajistas más tercos se asustan y empiezan a cubrirse en grandes cantidades. El mercado «hierve», y para el que está corto mirando la cinta, parece probable que se dispare hasta el techo en cualquier momento. Por muy firmes que sean sus convicciones bajistas, su sistema nervioso acaba cediendo ante este golpeteo continuo, por lo que él cubre toda su posición «en el mercado» con un suspiro de alivio al ver que sus pérdidas no serán mayores.

En este momento, el público forastero empieza a llegar a la conclusión de que el mercado es «demasiado fuerte para que reaccione mucho», y que lo único que se puede hacer es «comprar las acciones en cualquier parte». De esta fuente surge otra oleada de compras, que pronto lleva los precios de nuevo a niveles más altos, y los compradores se felicitan por sus ganancias fáciles y rápidas.

Por cada comprador debe haber un vendedor o, más exactamente, por cada cien participaciones compradas deben venderse cien participaciones, ya que el número real de personas que están comprando en esta etapa es probable que sea mucho mayor que el número de personas que están vendiendo. Al principio del avance, la oferta de acciones es pequeña y proviene de fuentes que están dispersas, pero a medida que los precios suben, cada vez más titulares que conservan sus acciones durante cierto tiempo se sienten satisfechos con sus ganancias y están dispuestos a vender. Además, los bajistas empiezan a luchar contra el avance vendiendo en corto en cada subida rápida. Un bajista profesional testarudo se verá a menudo obligado a cubrir su posición una y otra vez, con una pequeña pérdida cada vez, antes de que finalmente localice la cima y se asegure una buena ganancia en la subsiguiente caída del mercado.

Los que venden en esta etapa no son, por regla general, los tenedores de valores más grandes. Los mayores tenedores suelen ser aquellos cuyo juicio es lo suficientemente sólido, o cuyas conexiones son lo suficientemente buenas, de modo que han hecho una buena cantidad de dinero; y ni un juicio sensato ni los mejores asesores son partidarios para favorecer la venta tan pronto en el avance, cuando se pueden asegurar ganancias mucho mayores simplemente aguantando la posición durante un periodo más largo de tiempo.

La altura a la que los precios pueden ser llevados ahora depende de las condiciones subyacentes. Si se puede pedir prestado dinero a una tasa de interés baja y los negocios en general prosperan, puede producirse un movimiento alcista prolongado, mientras que los recursos bancarios se agotan o el comercio esté deprimido fijarán un límite definitivo al posible avance del mercado. Si las condiciones son bajistas, el impulso de los mayores cortos prácticamente acabará con la subida; pero en un auténtico mercado alcista el avance continuará hasta que sea frenado por las ventas de las acciones mantenidas para inversión, que llegan al mercado solo cuando se cree que los precios son excesivamente altos.

En cierto sentido, el mercado siempre es un combate entre inversores y especuladores. El verdadero inversor, que busca principalmente el rendimiento de los intereses, pero que de ninguna manera está dispuesto a obtener ganancias comprando a un precio bajo y vendiendo a un precio alto, está dispuesto, tal vez, a comprar su acción favorita a un precio que le producirá el 6 % de su inversión, o a venderla a un precio que solo le producirá el 4 %. Al especulador no le importa el rendimiento de los intereses. Este quiere comprar para estar en largo antes de que los precios suban y vender en corto antes de que bajen. Él estaría pendiente de comprar en cualquier momento en la cima de una gran subida, siempre y cuando los precios sigan subiendo.

Por lo tanto, a medida que el mercado avanza, un inversionista tras otro ve que su límite ha sido alcanzado y sus acciones vendidas. Así pues, el volumen de las acciones que los especuladores alcistas mantienen o se deshacen de ellas de mano en mano no deja de rodar como una bola de nieve. En las fluctuaciones intermedias habituales, que abarcan de cinco a veinte dólares por participación, estas ventas de los inversores son pequeñas en comparación con el negocio especulativo. En cien participaciones accionarias que se venden a 150, el inversor tiene 15.000 dólares; pero con esta suma el especulador puede llevar fácilmente diez veces ese número de participaciones.

La razón por la que las ventas de los inversores son tan efectivas no es por la cantidad real de la acción lanzada al mercado, sino porque esta acción es una carga permanente, de la que no se librarán de nuevo hasta que los precios hayan sufrido un grave descenso. Lo que el especulador vende, él o algún otro operador puede volver a comprarlo mañana.

Llega el momento en que todo el mundo parece estar comprando. Los precios se vuelven locos. Una acción salta hacia arriba de una manera que aterroriza al corazón del último corto sobreviviente. Otra parece casi igual de fuerte, pero retrocede de forma discreta cuando nadie la está observando, como la rana que salta del pozo en la aritmética de nuestra infancia. Otra acción se agita violentamente en un lugar, como una rueda lateral de un coche atascada en un banco de arena.

Entonces, el mercado da una repentina sacudida hacia abajo, como si corriera en peligro de derramar su contenido poco manejable. Esto se considera como una «reacción saludable», aunque es un misterio para quién puede ser saludable, a menos que lo sea para los cortos. Los precios se recuperan de nuevo, con todo el mundo feliz excepto unos pocos bajistas descontentos, a los que se mira con diversión despectiva.

Sin embargo, curiosamente parece haber suficientes acciones para todos los interesados, y los hombres que usan su propio juicio, aunque sean pocos, y que tienen tiempo para molestarse con tales cosas se dan cuenta de que el promedio general de los precios está subiendo muy lentamente, si es que lo hace. Y es ahí, durante este proceso, cuando los mayores tenedores de acciones especulativas encuentran un mercado lo suficientemente grande como para absorber sus ventas, por lo que siempre hay suficientes acciones para todos. Nuestros grandes capitalistas rara vez se quedan sin acciones. Simplemente tienen más acciones cuando los precios son bajos y menos cuando los precios son altos.

Además, mucho antes de que exista el peligro de que se agote la oferta, se crean muchas emisiones nuevas.

Cuando hay un interés por parte del público general en la bolsa de valores, a menudo la oferta será absorbida de manera inmensa por los grandes operadores dentro de tres o cuatro días o una semana, después del aluvión; pero si se especula dentro de un rango estrecho, los precios pueden permanecer alrededor de los máximos durante semanas o meses, mientras que los grandes tenedores se alimentan de unos pocos cientos de participaciones aquí y unos pocos cientos allá, e incluso entonces se puede dejar el saldo de una cuenta para ser arrojado sobre el siguiente descenso a cualquier precio que se pueda obtener. Los grandes líderes especulativos están lejos de ser infalibles. A menudo, han vendido demasiado pronto y más tarde han visto cómo el mercado se escapaba a alturas inesperadas, o han aguantado demasiado tiempo y han sufrido graves pérdidas antes de poder salir.

En esta venta, los líderes alcistas obtienen una buena cantidad de ayuda no deseada de los bajistas. Por muy precavidos que sean los alcistas al ocultar sus ventas, sus maquinaciones serán descubiertas por profesionales atentos y estudiantes astutos del análisis gráfico, y una cantidad notable de ventas en corto se realizará a pocos puntos de la cima. Esta es una de las razones por las que las oscilaciones largas de las acciones especulativas activas son menores en proporción al precio que las secundarias inactivas de carácter similar, contrario a la impresión recibida. Es raro que exista cualquier interés importante para abrir un corto en las acciones inactivas.

Una vez que la carga de acciones que se encuentra en el techo de mercado se invierte, la caída suele ser más rápida que el avance anterior. La oferta flotante, ahora muy aumentada, es arrojada de un especulador a otro a precios cada vez más bajos. De vez en cuando las acciones se alojan temporalmente en manos obstinadas, de modo que parte de los cortos se asustan y se cubren, provocando un fuerte repunte; pero mientras la carga de acciones siga en el mercado, la dirección general de los precios debe ser descendente.

Hasta que los inversores o los grandes especuladores capitalistas vuelven a entrar en el mercado, la carga de acciones que deben llevar los alcistas especulativos comunes aumenta casi continuamente. No hay disminución de la oferta flotante de certificados de acciones en Wall Street, pero sí que hay un aumento gradual del interés corto; y por supuesto los alcistas tienen que llevar estas ventas en corto, así como los certificados reales, ya que por cada vendedor debe haber un comprador, ya sea que la venta se haga por un corto o un largo. Los cortos se cubren una y otra vez en las roturas bruscas, pero en la mayoría de los casos vuelven a poner sus líneas, ya sea más altas o más bajas, según se presente la oportunidad. De media, el interés corto es mayor a precios bajos, aunque es probable que haya períodos durante el descenso en los que será mayor que en el suelo del mercado final, donde la compra por parte de los cortos a menudo ayuda a evitar condiciones de pánico.

La duración de esta caída, al igual que la extensión del avance precedente, depende de las condiciones fundamentales, ya que tanto los inversores como los capitalistas especulativos entrarán antes en el mercado si todas las condiciones son favorables que en un mercado monetario estricto o cuando las perspectivas futuras de los negocios no sean satisfactorias. Por regla general, los compradores no aparecen con fuerza hasta que no aparece un «día a precios de ganga». Es cuando, en su curso descendente, la pesada carga de acciones golpea una zona en forma de panal con órdenes de parada de pérdidas. Los operadores de parqué aprovechan la oportunidad para ponerse en corto y se produce un colapso general.

Aquí hay un montón de acciones que se pueden tener baratas, y los operadores astutos, grandes y pequeños, pero sobre todo grandes o en camino de serlo están ocupados recogiéndolas. Las órdenes límites fijas de muchos inversores también son alcanzadas por la ruptura brusca, y sus compras desaparecen, para no ser vistas más en Wall Street hasta el próximo giro alcista.

Muchos cortos se cubren en tal ruptura, pero no todos. La secuela del «día de la ganga» es un gran interés en el lado corto que ha sobrepasado su mercado, y le sigue un rápido repunte; pero cuando los cortos más urgentes se alivian, los precios caen de nuevo y fallan en esa condición de letargo de la que partió esta consideración del ciclo especulativo.

Los movimientos descritos son sustancialmente uniformes, ya sea que el ciclo abarque una semana, un mes o un año. El gran ciclo incluye muchos movimientos intermedios, y estos movimientos a su vez contienen oscilaciones más pequeñas. Los inversores no participan en absoluto en las pequeñas oscilaciones, pero, por lo demás, las fuerzas que intervienen en un giro de tres puntos hacia arriba y hacia abajo son las mismas que las que aparecen en un ciclo de treinta puntos, aunque no sean tan fáciles de identificar.

Se reconocerá inmediatamente el hecho de que la descripción anterior es, en esencia, una historia de esperanzas y temores humanos; de una actitud mental, por parte de los interesados, resultante de su propia posición en el mercado, más que de un juicio deliberado de las condiciones; de una proyección injustificada por parte de la imaginación del público de un presente percibido hacia un futuro desconocido, aunque no del todo desconocido.

Dejando de lado por el momento la influencia de las condiciones fundamentales sobre los precios, es nuestra tarea rastrear tanto las causas como los efectos de estos elementos psicológicos en la especulación.

CAPÍTULO II

El Razonamiento Contrario y sus Consecuencias

Es difícil para el hombre medio oponerse a lo que parece ser la deriva general de la opinión pública. En la bolsa de valores esto es quizás más difícil que en otros lugares; porque todos nos damos cuenta de que los precios de las acciones deben, a largo plazo, ser controlados por la opinión pública. El punto que no recordamos es que la opinión del público en un mercado especulativo se mide en dólares, no en habitantes. Un hombre que controla un millón de dólares tiene el doble de peso que mil hombres con mil dólares cada uno. Los dólares son la fuerza de los mercados, el mero número de hombres no significa nada.

Por eso la gran mayoría de la opinión del público parece ser alcista en la parte superior y bajista en la inferior. La multitud de pequeños operadores debe estar, por simple necesidad, en largo cuando los precios están en el techo de mercado, y en corto en el suelo. El hecho mismo de que estén largos en la cima muestra que se les han suministrado acciones de alguna fuente.

De nuevo, el hombre con un millón de dólares es un individuo silencioso. La época en la que era necesario que hablara ya pasó, su dinero ahora es el que habla. Pero los mil hombres que tienen mil dólares cada uno son conversadores, corrientes, charlatanes hasta el último grado; y entre estos operadores más pequeños están los escritores, los hombres de los periódicos y de las oficinas de noticias, y los fabricantes de chismes para las casas de corretaje.

Se observará que el razonamiento anterior nos lleva a la conclusión de que la mayoría de los que escriben y hablan sobre el mercado tienen más probabilidades de estar equivocados que de tener la razón, al menos en lo que se refiere a las fluctuaciones especulativas. Esto no es un elogio para los «moldeadores de la opinión pública», pero la mayoría de los lectores experimentados de los periódicos estarán de acuerdo en que es cierto. La prensa refleja, de manera general, los pensamientos de la multitud, y en la bolsa de valores la multitud es necesariamente, como una deducción lógica de los hechos del caso, susceptible de ser alcista cuando los precios son altos y bajista cuando los precios son bajos.

Se ha comentado a menudo que el hombre medio es un optimista respecto a sus propias iniciativas y un pesimista respecto a las de los demás. Ciertamente, esto es cierto para el operador profesional de bolsa. Como resultado del razonamiento descrito anteriormente, él llega a esperar habitualmente que casi todos los demás se equivoquen, pero, por lo general confía en que su propio análisis de la situación será correcto. Valora las opiniones de algunas personas que él cree que tienen éxito en general; pero, aparte de estas pocas, cuanto mayor es el número de opiniones alcistas que escucha, más dudas tiene sobre la conveniencia de seguir el lado alcista.

Esta aparente contrariedad del mercado, aunque se entiende fácilmente cuando se analizan sus causas, engendra en los operadores profesionales un peculiar escepticismo que los lleva siempre a desconfiar de lo evidente y a aplicar una especie de razonamiento contrario a casi todos los problemas bursátiles. A menudo, en la mente de los operadores que por su naturaleza no actúan con lógica, este razonamiento contrario asume las formas más erráticas y grotescas, y explica muchas fluctuaciones aparentemente absurdas de los precios que se suelen atribuirse a la manipulación.

Por ejemplo, un operador empieza con esta suposición: El mercado ha tenido un avance espléndido; todos los pequeños operadores son alcistas; alguien debe haberles vendido las acciones que llevan consigo; por lo tanto, los grandes capitalistas están probablemente posicionándose en corto y listos para una reacción o quizás para un mercado bajista. Entonces, si sale una noticia alcista fuerte, digamos, que realmente hace un cambio importante en la situación, él dice: «¡Ah, así que esto es lo que han estado promoviendo en el mercado! Ha sido descontado por la subida anterior». O él puede decir: «Están publicando estas noticias alcistas para deshacerse de las acciones». Él procede a vender cualquier acción que tuviera en largo o tal vez a abrir una posición en corto.

Su razonamiento puede ser correcto o no; pero en cualquier caso su venta y la de otros que razonan de manera similar, es probable que produzca al menos un descenso temporal al anunciarse la buena noticia. Este declive parece absurdo para el forastero y él recurre a la vieja explicación: «Todo está manipulado».

El mismo principio es a menudo llevado más allá. Encontrarás operadores profesionales razonando que los precios favorables de la industria del acero, por ejemplo, han sido inventados para permitir que los iniciados vendan su acción de Steel; o que los informes sombríos son puestos en circulación para facilitar la acumulación. Por lo tanto, pueden actuar en oposición directa a las noticias y llevar el mercado con ellos, por lo menos durante un tiempo.

Cuanto menos sepa el operador sobre los fundamentos de la situación financiera, más probable será que se deje llevar por conclusiones erróneas de este tipo. Si él tiene confianza en la fuerza general de las condiciones, puede estar dispuesto a aceptar como genuina y natural, una noticia que, de otra manera recibiría con cínico escepticismo y la utilizaría como base para las ventas al descubierto. Si sabe que las condiciones fundamentales son poco sólidas, no será tan probable que interprete las malas noticias como emitidas para ayudar a la acumulación de acciones.

El mismo razonamiento se aplica a las grandes compras a través de corredores de bolsa que se sabe que están asociados con los capitalistas. De hecho, en este caso a menudo escuchamos una doble inversión, por así decirlo. Esas compras pueden impresionar al observador de tres maneras:

1. El «Forastero de rango» se lo toma al pie de la letra, como alcista.

2. Un operador más experimentado puede decir: «Si ellos realmente quisieran conseguir las acciones, no comprarían a través de sus propios corredores de bolsa, sino que se esforzarían por ocultar sus compras dispersándolas entre otras casas de corretaje».

3. Un profesional aún más suspicaz puede dar otro salto mortal y decir: «Están comprando a través de sus propios corredores de bolsa para despistarnos y hacernos creer que alguien más está utilizando a sus corredores como si fuéramos ciegos». Con esta doble voltereta, el operador llega a la misma conclusión que el forastero.

El razonamiento de los operadores se complica aún más cuando la compra o venta de grandes cantidades es hecha abiertamente por un gran profesional, que es conocido por entrar y salir del mercado durante mínimas fluctuaciones para tomar pequeñas ganancias. Si él compra 50.000 participaciones, otros operadores están bastante dispuestos a venderle y su opinión del mercado está poco influenciada, simplemente porque saben que puede vender 50.000 participaciones al día siguiente o incluso a la hora siguiente. Por esta razón, los grandes capitalistas a veces compran o venden a través de estos grandes operadores profesionales para ejecutar sus órdenes fácilmente y sin levantar sospechas. De ahí que el juego de intelectos sutiles alrededor de las grandes operaciones de este tipo a menudo se vuelve muy elaborado.

Hay que tener en cuenta que este razonamiento contrario es útil principalmente en el techo o suelo del mercado de un movimiento, cuando la distribución o la acumulación se está produciendo a gran escala. Un mercado que se niega repetidamente a responder a las buenas noticias después de un avance importante, es probable que esté «lleno de acciones». Del mismo modo, un mercado que no baja con malas noticias suele estar «desprovisto de acciones».

Entre los extremos se encontrarán largos tramos en los que los capitalistas tienen muy pocos motivos para ocultar su posición. Habiendo acumulado sus líneas de acciones lo más bajo posible, están dispuestos a ser conocidos como los líderes del movimiento alcista y tienen todas las razones para tener perfectamente abiertos sus largos. Esta condición continúa hasta que están listos para vender. De la misma manera, habiendo vendido tanto como deseaban, no tienen ninguna razón para ocultar más su posición, aunque un descenso posterior pueda durar meses o un año.

Es durante un largo movimiento ascendente que el «cordero» gana dinero, porque acepta los hechos, tal como son, mientras que el operador profesional se encuentra a menudo luchando contra el avance y perdiendo mucho debido a su cinismo excesivo y desconfianza.

El operador exitoso eventualmente aprende cuando invertir sus procesos mentales naturales y cuando dejarlos en su posición habitual. A menudo, desarrolla una especie de instinto que difícilmente podría reducirse a una impresión de mantener la cabeza fría. Pero en las manos del pipiolo esta forma de razonamiento es extremadamente peligrosa, porque permite poner una construcción alternativa en cualquier evento. Las noticias alcistas o bien (1) son significativas de una tendencia al alza de los precios, o bien (2) indican que «ellos» están tratando de hacer un mercado para deshacerse de sus posiciones. Las malas noticias pueden indicar una situación realmente bajista o un deseo de acumular acciones a precios bajos.

Por lo tanto, el operador inexperto se queda muy a la deriva. Está jugando con las herramientas de punta del profesional y es probable que se corte. ¿De qué le sirve tratar de aplicar su razón a las condiciones de la bolsa de valores cuando cada evento puede ser doblemente interpretado?

De hecho, es dudoso que la desconfianza del profesional en lo obvio sea de mucho beneficio para él a largo plazo. La mayoría de nosotros hemos conocido a esos deplorables naufragios mentales, que a menudo se encuentran entre los «calienta sillas» en las oficinas de los corredores, cuya maquinaria de pensamiento parece haberse desmoralizado de manera permanente como resultado de las continuas acrobacias. Siempre están buscando un «motivo oculto» en todo. Ellos acreditan o cargan una cantidad de dinero en el debe de una cuenta a Morgan y Rockefeller con la más pequeña y mezquina artimaña y les atribuyen la más ingeniosa duplicidad en asuntos que esos «eminentes financieros» no se darían cuenta. La continua inversión del motor mental a veces altera su mecanismo.

Probablemente no se puede establecer una mejor regla general que la breve: «Apégate al sentido común». Mantén una mente equilibrada y receptiva y evita deducciones difíciles de comprender. Sin embargo, se pueden ofrecer algunas sugerencias más:

Si ya tienes una posición en el mercado, no intentes reforzar tu fe fallida recurriendo a sutilezas intelectuales en la interpretación de hechos obvios. Si estás largo o corto en el mercado, no eres un juez sin prejuicios, y estarás muy tentado de interpretar los eventos actuales, de manera que coincidan con su opinión preconcebida. No es demasiado decir que este es el mayor obstáculo para el éxito. Lo menos que puedes hacer es evitar el razonamiento contrario en apoyo de tu propia posición.

Después de un avance prolongado, no recurras al razonamiento contrario para demostrar que los precios van a seguir subiendo; del mismo modo, después de una gran ruptura, no dejes que tus deducciones bajistas se compliquen demasiado. Desconfía de las noticias alcistas cuando los precios estén altos, y de las noticias bajistas cuando los precios estén bajos.

Ten siempre en cuenta que una noticia solo causa un movimiento importante de los precios. Si el movimiento se produce antes de que salga la noticia, como resultado de rumores y expectativas, entonces no es probable que se repita después de que se haga el anuncio; pero si el movimiento de los precios no ha precedido, la noticia contribuye a la fortaleza o la debilidad general de la situación y dar lugar a un movimiento de los precios.

CAPÍTULO III

«Ellos»

Si un hombre que desconoce el mundo bursátil pasara varios días alrededor de la bolsa escuchando conversaciones de todo tipo de operadores e inversores, con el fin de recoger información sobre las causas de los movimientos de los precios, lo más probable es que la pregunta más urgente en su mente al final de ese tiempo sería: «¿Quiénes son Ellos?».

Dondequiera que fuera, escucharía hablar de Ellos. En las salas de los clientes de las casas fraccionadas en lotes encontraría a jóvenes que operaban con diez participaciones y discutían sabiamente sobre lo que Ellos iban a hacer a continuación. Los expertos en la lectura de la cinta y los novatos por igual le decían que estaban acumulando la acción de Steel, o distribuyendo la de Reading. Los operadores de parqué y los miembros de la bolsa susurrarían que Ellos les habían dicho que iban a subir o bajar el mercado, según fuera el caso. Incluso los inversores más tranquilos podrían informarle de que, aunque la situación era bajista, sin duda Ellos tendrían que llevar el mercado temporalmente hacia arriba para descargar sus acciones.

Esta teoría de «Ellos» sobre el mercado es tan frecuente entre los operadores exitosos como entre los principiantes. Se puede discutir por qué es así, pero no hay duda del hecho en sí. Tanto si Ellos son un mito como una realidad definitiva, muchas personas están ganando dinero estudiando el mercado desde este punto de vista.

Si fueras a Wall Street y preguntaras a varias clases de operadores quiénes son Ellos, obtendría casi tantas respuestas diferentes como el número de hombres entrevistados. Uno diría: «La casa de Morgan»; otro, «Standard Oil y, los intereses asociados», que es bastante amplia, cuando se para a pensarlo; otro: «Los grandes profesionales bancarios»; todavía dice otro: «Operadores profesionales de parqué»; un quinto: «Fondos en varias acciones principales, que actúan más o menos de manera conjunta»; un sexto podría decir: «Especuladores astutos y exitosos, quienesquiera que sean y dondequiera que estén»; mientras que para el séptimo: Ellos pueden tipificar a los operadores meramente activos en su conjunto, a quienes concibe para hacer caer los precios unos sobre otros, ya sea para comprar o vender un valor en particular.

En efecto, un escritor de no pocos logros como estudioso de las condiciones del mercado cree que todos los fenómenos de la Bolsa de Nueva York están bajo el control de algún individuo, que es presumiblemente, de una manera u otra, el representante de grandes intereses asociados.

Parece obviamente imposible rastrear su fuente, etiquetar e identificar cualquier tipo de poder de control permanente. Los mercados bursátiles del mundo se mueven mucho juntos en las grandes oscilaciones cíclicas, por lo que tal poder tendría que consistir en una asociación mundial de grandes intereses financieros, controlando todos los principales mercados de valores. Al observador medio le resultará difícil masticar y tragarse esta proposición.

El esfuerzo por reducir la ciencia de la especulación y la inversión a una definición imposible o a una simplicidad ideal es, en mi opinión, responsable de muchos fracasos. El diplomático A.S. Hardy, que fue profesor de matemáticas y escribió libros sobre cuaternarios, cálculo diferencial, etc., comentó una vez que el estudio de las matemáticas es una disciplina mental muy pobre, porque no cultiva el juicio. Dadas unas premisas fijas y determinadas, el matemático las seguirá hasta llegar a una conclusión correcta; pero en los asuntos prácticos toda la dificultad radica en la selección de sus premisas.

Por lo tanto, el estudiante del mercado con una mentalidad matemática siempre está buscando una regla o un conjunto de reglas, una «apuesta segura» como dicen los operadores. No buscaría dichas reglas para tener éxito en el negocio de los comestibles o en el de la madera; por el contrario, él analizaría cada situación tal y como surgió y actuaría en consecuencia. La bolsa de valores se presenta a mi mente como una propuesta puramente práctica. Los métodos científicos pueden aplicarse a cualquier línea de negocio, desde las acciones hasta los pollos, pero esto es algo muy diferente a tratar de reducir las fluctuaciones de la bolsa a una base de certeza matemática.

Por lo tanto, al discutir la identidad de Ellos, debemos contentarnos con tomar los hechos obvios tal como los encontramos, sin intentar hacer girar las teorías.

Hay tres sentidos en los que esta idea de «Ellos» tiene algún fundamento en los hechos. En primer lugar, «Ellos» pueden ser, y a menudo son, concebidos a grandes rasgos como los operadores de parqué de la bolsa que se ocupan directamente de hacer las cotizaciones, los fondos formados para controlar ciertas acciones, o los manipuladores individuales.

Los operadores de parqué ejercen una influencia importante en el movimiento inmediato de los precios. Supongamos, por ejemplo, que observan que las ofertas de Reading son muy ligeras. Las caídas no inducen a la liquidación y solo se satisfacen pequeñas ofertas de acciones en los avances del mercado. Empiezan a sentir que, en ausencia de cataclismos inesperados, Reading no bajará mucho. Lo natural para ellos es que empiecen a comprar Reading en todos los puntos débiles. Cada vez que se ofrecen unos cuantos cientos de participaciones a precio de ganga, los operadores de parqué se hacen con ellas.

Como resultado de este «rescate» del mercado, la lectura se vuelve aún más escasa, y los operadores, al estar ahora posicionados en largo, se vuelven más alcistas. Empiezan a «marcar con precisión el precio de venta de las acciones para asegurar sus ganancias». Esto no es difícil, ya que ellos son, por el momento, prácticamente unánimes en el deseo de que los precios sean más altos. Supongamos que el precio de mercado de las participaciones es de $161^{1/8}$, y ofrecida a $161^{1/4}$. Encuentran que solo 100 participaciones están a la venta a $^{1/4}$, y 200 se ofrecen a $^{3/8}$. En cuanto a la cantidad de acciones que pueden estar esperando ofertas a $^{1/2}$ o más, no pueden estar seguros, pero en general ellos pueden hacer una conjetura astuta. Uno o más operadores toman estas ofertas, de tal vez 500 participaciones, y hacen una oferta a precio de mercado de $^{1/2}$. Los demás operadores de parqué no están dispuestos a vender con esta insignificante ganancia, y se espera para saber si alguna orden externa es atraída por el movimiento del precio, y si es así, si son órdenes de compra o de venta. Si llegan unas cuantas órdenes de compra, se completan, quizás a $^{5/8}$ y $^{3/4}$. Si aparece la venta, los operadores de parqué se retiran, cogen las ofertas a precios más bajos, y lo intentan de nuevo a la hora siguiente o quizás al día siguiente. Eventualmente, aprovechando cada oportunidad favorable, ellos diseñan un movimiento alcista de posiblemente dos o tres puntos, pero sin comprar más acciones de las que quieren.

Si este movimiento atrae a un grupo de seguidores, puede recorrer fácilmente diez puntos sin que se produzca ningún cambio real en las perspectivas del camino de Reading, aunque las perspectivas del camino pueden haber tenido algo que ver con la escasez de acciones antes de que empezara el movimiento. Por otra parte, si se encuentran grandes ofertas de acciones en el avance, el auge económico se aplasta indignamente y los operadores de parqué podrían obtener ganancias o pérdidas insignificantes.

Los «Fondos» no son tan comunes como creen la mayoría de los forasteros. Hay muchas dificultades y complicaciones que deben superarse antes de que se pueda formar un fondo, mantenerlo unido y operarlo con éxito, como tuvimos la oportunidad de observar no hace mucho tiempo en el caso de Hocking Coal & Iron. Pero si existe un fondo definitivo en cualquier acción, sus operaciones son prácticamente una reproducción, a mayor escala y bajo un acuerdo vinculante, de los métodos empleados por los operadores de parqué en un rango menor y en una mera asociación suelta y voluntaria resultante de sus intereses comunes. Y el manipulador individual no es más que un fondo formado por una única persona.

En segundo lugar, muchos conciben «Ellos» como una asociación de capitalistas poderosos que están llevando a cabo una campaña en todas las acciones especulativas principales al mismo tiempo. Es seguro decir que no existe tal asociación permanente y unida, aunque sería difícil probar esta afirmación. Pero ha habido muchas veces en que un solo gran operador tuvo prácticamente el control del mercado durante un tiempo, otros grandes profesionales se contentan con mirar, o participar a pequeña escala, o esperar una oportunidad favorable para tomar el otro lado del mercado.

La «multitud de Standard Oil», la «multitud de Gates», la «participación de Morgan», y «Harriman y sus asociados», al lector se le ocurrirá de inmediato como si hubiera estado, en varias ocasiones en el pasado, en control exclusivo de una importante campaña general. En la actualidad, la participación de los grandes profesionales se clasifica generalmente en tres divisiones: Morgan, Standard Oil y Kuhn-Loeb.

Un acuerdo definitivo entre intereses como estos sería imposible, excepto para propósitos limitados y temporales. Esto quizás no se debe tanto a que estos destacados financieros no pudieran confiar entre sí, sino a que cada uno de los llamados grupos de interés consiste en una agregación poco unida de seguidores de todo tipo y variedad, teniendo solo una cosa en común: el control del capital. Tal «interés» no es un ejército, donde el traidor puede ser juzgado en consejo de guerra y fusilado; es una masa de gente confusa y desordenada, y tiene que ser dirigida, no conducida. Es cierto que el traidor conocido podría ser ejecutado, financieramente hablando, pero en las operaciones bursátiles el traidor no puede, por regla general, ser conocido. A menos que sus operaciones sean de un tamaño inusual, puede tapar sus huellas con éxito.

Desde este segundo punto de vista, «Ellos» no siempre están activos en el mercado. Solo se pueden emprender grandes campañas con seguridad en períodos en los que el futuro está hasta cierto punto asegurado. Cuando el futuro es incierto, cuando varios elementos confusos entran en la situación financiera y política, los principales financieros pueden contentarse con limitar sus operaciones bursátiles a negociaciones individuales, y aplazar la inauguración de una gran campaña hasta que exista una base más sólida para ello.

En tercer lugar, «Ellos» pueden ser concebidos simplemente como especuladores e inversores en general, toda esa tropa variada y heterogénea de personas, dispersas por todo el mundo, cada una de las cuales contribuye con su granito de arena a las fluctuaciones de los precios en la bolsa. En este sentido, no hay duda de la existencia de Ellos, y Ellos son el tribunal de última instancia en el establecimiento de los precios. Para decirlo de otra manera, «Ellos» son los últimos consumidores de valores. Es a Ellos a quienes todos los demás planean, tarde o temprano, directa o indirectamente, vender sus acciones.

Puedes llevar al caballo al agua, pero no puedes hacerle que beba. Tú o yo o cualquier otro gran millonario podemos subir los precios, pero no puede hacer que Ellos te compren las acciones, a menos que Ellos tengan el poder adquisitivo y la disposición de compra. Así que no hay duda de que aquí, en cualquier caso, tenemos una concepción de Ellos que aguantará el análisis sin explotar.

En los casos en que se está llevando a cabo una campaña general, la teoría de los valores de «Ellos» es de gran ayuda en la acumulación o distribución de las acciones. De hecho, en las últimas fases de una campaña alcista, el argumento que se escucha con más frecuencia es probablemente algo como lo siguiente: «Sí, los precios son altos y no veo que las perspectivas futuras sean especialmente alcistas, pero las acciones están en manos fuertes y Ellos tendrán que subirlas más para que haya un mercado en el que podamos vender». Algunos inversores se deshacen de todas sus acciones tan pronto como este veterano caballo de guerra de la brigada de noticias se prepare y sale a trotar. De la misma manera, después de una prolongada campaña bajista, escuchamos que alguien está «en problemas» y que harán caer el mercado hasta que salgan a luz ciertos fondos concentrados.

Es muy probable que todo esto no sea más que polvo arrojado a los ojos del más crédulo de los seres creados: el especulador que opera al azar. Cuando los precios son tan altos en comparación con las condiciones que no se puede alegar ninguna razón sólida de por qué deberían subir, un cierto número de personas siguen siendo inducidas a comprar por lo que Ellos van a hacer. O, al menos, si el público ya no puede ser inducido a comprar a gran escala, se le impide vender en corto por temor a lo que Ellos puedan hacer.

El estudioso de la condición técnica del mercado, por la cual se entiende el carácter de los intereses en largo y en corto del día a día, está bastante seguro de basar sus operaciones en gran medida en lo que cree que Ellos harán a continuación. Él tiene en mente a Ellos, como se describe en la primera clasificación anterior los operadores de parqué, los fondos y los manipuladores individuales. Recibe una buena ayuda de esta concepción, por más vulgar que parezca, sin duda, porque sirve para distraer su mente de las noticias y los chismes actuales, y para evitar que se vea demasiado influenciado por la apariencia momentánea del mercado.

Cuando el mercado parece más débil, cuando las noticias son peores, cuando los pronósticos bajistas son más generales, es el momento de comprar, como sabe todo colegial; pero si un hombre tiene en mente una imagen de un aluvión de acciones que salen de los cuatro puntos cardinales, sin compradores, debido a unas terribles noticias que acaban de llegar, es casi una imposibilidad mental para él reunir el valor necesario para animarse a comprar. Si, por el contrario, él entiende que solo están dando al mercado un golpe final para facilitar la cobertura de una gigantesca línea de acciones en corto, tiene el coraje de comprar. Su punto de vista puede ser correcto o estar equivocado, pero al menos evita comprar en el techo de mercado y vender en el suelo de mercado, y tiene el valor de comprar en un mercado débil y vender en uno fuerte.

La razón del estado de confusión de «Ellos» en la mente del operador promedio es que él solo se preocupa por Ellos cuando se manifiestan a través de la bolsa de valores. En cuanto a quiénes son, siente una curiosidad leve y desapegada; pero en lo que respecta a sus manifestaciones en el mercado, él está vital y financieramente interesado. Por lo tanto, es en este último punto donde concentra sus pensamientos.

Pero en la medida en que un análisis definido y minucioso de una situación es siempre mejor que una noción general y confusa de la misma, el operador o inversor haría mucho mejor en librarse de Ellos. La palabra «Ellos» no significa nada hasta que tiene un antecedente; y utilizarla continuamente sin tener ningún antecedente en mente es un lenguaje chapucero, que significa pensar las cosas con poco cuidado. Ellos, en el sentido de los grandes intereses bancarios, pueden estar trabajando directamente contra Ellos en el sentido de los manipuladores individuales; el manipulador, de nuevo, puede estar tratando de atraparlos en el sentido de los operadores de parqué.

Un conocimiento genuino de la condición técnica del mercado no se puede resumir en ninguna declaración improvisada sobre lo que Ellos van a hacer. No se puede determinar la actitud hacia el mercado de cada individuo que se interese por ello, pero se puede clasificar a grandes rasgos las fuentes de las que provendrán las compras y las ventas, los motivos por los que probablemente actuarán en las distintas clases, y el carácter del interés largo e interés corto. En resumen, después de mucho estudio y observación, siempre se puede tener en mente algún tipo de antecedente para Ellos, y debes tenerlo, si basas tus operaciones en las condiciones técnicas.

CAPÍTULO IV

Confundir el Presente con el Futuro... Descuento

Es incuestionable que los operadores e inversores inexpertos, y de hecho la mayoría de los más experimentados también, están continuamente tratando de especular sobre sucesos importantes pasados. Supongamos, por ejemplo, que las ganancias del ferrocarril, tal como se publican, muestran grandes aumentos constantes en el valor neto. El novato razona: «El aumento de las ganancias significa un aumento de las cantidades aplicables al pago de dividendos. Los precios deberían subir. Compraré».

No, en absoluto. Él debería decir: «Los precios han subido en la medida que representan estos aumentos de los beneficios, a menos que este efecto haya sido contrarrestado por otras consideraciones. ¿Ahora qué sigue?».

Es una especie de suposición automática de la mente humana que las condiciones actuales continuarían, y todo nuestro esquema de vida está necesariamente basado en gran parte en esta suposición. Cuando el precio del trigo es alto, los agricultores aumentan sus siembras porque el cultivo de trigo paga mejor; cuando es bajo, plantan menos. Recuerdo haber hablado con un agricultor de patatas que afirmaba que había ganado mucho dinero simplemente invirtiendo la costumbre anterior. Cuando el precio de las patatas era bajo, él las había plantado de manera abundante; cuando era alto, había reducido su siembra porque pensaba que otros agricultores harían lo contrario.

El hombre promedio no está bendecido o maldecido, sin embargo, tú puedes mirarlo con una mente analítica. Vemos «como a través de un cristal oscuro». Nuestras ideas están siempre envueltas en una neblina y nuestros poderes de razonamiento trabajan en una rutina de la que nos resulta doloroso, si no imposible, escapar. Muchas de nuestras emociones y algunos de nuestros actos son simplemente respuestas automáticas a estímulos externos. Por maravilloso que sea el desarrollo del cerebro humano, se originó como un ganglio agrandado, y su primera respuesta sigue siendo prácticamente la del ganglio.

Una simple ilustración de esto se encuentra en la enemistad que todos sentimos hacia la alarma que nos despierta por la mañana. Hemos activado cuidadosamente esa alarma y, si no sonara, tal vez nos causaría serios inconvenientes; sin embargo, recompensamos al fiel reloj con maldiciones.

Cuando un tren subterráneo se retrasa, nueve décimas de las personas que esperan en los andenes están ansiosas por ver si se acerca, mientras que muchas de las personas que se encuentran en él y que corren el riesgo de perderse un compromiso, se mantienen tensas, aparentemente en un esfuerzo por ayudar al tren a avanzar. Por regla general, aplicamos más energía, física o nerviosa, bien intencionada, pero en gran medida ineficaz, para la realización de un objeto, que el análisis o el cálculo.

Cuando se trata de un asunto tan complicado como el precio de las acciones, nuestra confusión aumenta en proporción a la dificultad del tema y a nuestro desconocimiento del mismo. A partir de la lectura, la observación y la conversación, nos empapamos de una variedad de ideas que nos llevan a concluir que la situación es alcista o bajista. La misma forma de la expresión «la situación es alcista» y no «la situación se volverá pronto alcista» muestra hasta qué punto permitimos que el presente oscurezca el futuro en la formación de nuestro juicio.

Coge a cualquier operador y presiónale y admitirá fácilmente que el momento lógico para que los precios sean más altos es cuando la noticia es más optimista; sin embargo, lo encontrarás comprando acciones después de que salga esta noticia, si no en cualquier momento, «en una reacción del mercado».

La mayoría de los eventos que se avecinan proyectan sus sombras antes, y es en esto en lo que debe basarse la especulación inteligente. El movimiento de los precios en anticipación a tales sucesos se llama «descuento», y este proceso de descuento bien merece que se le haga un pequeño examen con atención.

El primer punto a tener en cuenta es que algunos eventos no pueden estar descontados, ni siquiera por la supuesta omnisciencia de los grandes intereses bancarios que, de hecho, es más que medio imaginaria. El terremoto de San Francisco es el ejemplo normal de un acontecimiento que no podía ser previsto y, por lo tanto, no podía estar descontado; pero un evento no tiene que ser puramente un «acto de Dios» para que no se pueda contar. No hay duda de que nuestros grandes banqueros han estado tan a oscuras con respecto a algunas decisiones recientes de la Corte Suprema como el más pequeño «tacaño» en la habitación de clientes de una casa de corretaje.

Si el efecto de un suceso importante no se hace sentir antes de que esté tenga lugar, debe venir después. En todo debate sobre el descuento debemos tener este hecho en mente para que nuestro tema no se nos escape.

Por otro lado, un evento a veces puede estar descontado en exceso. Si la tasa de dividendo de una acción ha de aumentar del cuatro al cinco por ciento, los alcistas más serios, con la vista puesta en sus propias operaciones, pueden difundir rumores del seis o el siete por ciento, de modo que la declaración real del cinco por ciento, puede ser recibida como decepcionante y causar un descenso.

En general, todo evento que esté bajo el control de los capitalistas asociados a la propiedad, o cualquier condición financiera que esté sujeta a la gestión de los grandes profesionales bancarios, es probable que se descuente bastante a fondo antes de que ocurra. Nunca falta capital para aprovechar una apuesta segura, aunque solo lo sepan de antemano unas pocas personas.

Sin embargo, se suele sobrestimar la medida en que las condiciones comerciales futuras son conocidas por los «iniciados». Tanto depende, especialmente en Estados Unidos, del tamaño de las cosechas, del temperamento de la gente y de las políticas adoptadas por el gobierno, que el futuro de los negocios se convierte en un problema muy complicado. Ningún poder puede impulsar al pueblo americano. Cualquier control sobre su acción tiene que ser ejercido por medio del engatusamiento o por métodos tortuosos.

Además, la opinión pública es cada vez más volátil y cambiante año tras año, debido a la rápida difusión de la información y a la rápida multiplicación del público lector. Es fácil imaginar que algunos de nuestros más antiguos financieros se digan a sí mismos: «¡Si hubiera tenido mi capital actual en 1870, o si hubiera tenido las condiciones de 1870 para trabajar hoy!».

Una idea justa de cuándo se completará el proceso de descuento puede formarse usualmente estudiando las condiciones desde todos los ángulos. La gran pregunta es: ¿cuándo se hará la compra o la venta más general y urgente? En 1907, por ejemplo, el mejor momento y más seguro para comprar acciones que pagan un buen dividendo fue el lunes siguiente al extracto bancario que mostraba la mayor disminución de las reservas. Los mercados abrieron varios puntos bajo la presión de la liquidación, y las emisiones normales nunca se vendieron tan bajas después. La explicación simple fue que las condiciones se habían vuelto tan malas que no podían empeorar sin una ruina total, lo cual todas las partes debían unirse para evitarlo.

De la misma manera, en la campaña presidencial de 1900, los precios más bajos se hicieron sobre la nominación de Bryan. Todos dijeron a la vez: «No puede ser elegido». Por lo tanto, su nombramiento fue lo peor que podía pasar en el momento en que las noticias políticas se volvían más intensamente pesimistas. A medida que se desarrollaba la campaña, su derrota se hizo más segura, y los precios siguieron subiendo de acuerdo con las condiciones económicas y financieras generales del ciclo.

No es el descuento de un evento así conocido de antemano por los capitalistas lo que presenta las mayores dificultades, sino los casos en que existe una fuente principal de incertidumbre, de modo que incluso la mente más clara y la información más precisa solo pueden dar lugar a un equilibrio de probabilidades, con la escala tal vez inclinada en mayor o menor grado en una u otra dirección.

En algunos casos, la incertidumbre que precede a tal evento es más deprimente que lo peor que puede ocurrir después. Un ejemplo es una decisión de la Corte Suprema sobre una política pública previamente indeterminada que ha mantenido a los hombres de negocios tan en la oscuridad que temían seguir adelante con cualquier plan importante. Este fue el caso en el momento de la decisión de Northern Securities en 1904. «Los grandes negocios» podían ajustarse fácilmente a cualquiera de los dos resultados. Fue la incertidumbre lo que provocó la caída del mercado. De ahí que la decisión fuera prácticamente descontada por adelantado, sin importar lo que pudiera ser.

Esto no era cierto en la misma medida de las decisiones de Standard Oil y American Tobacco de 1911, porque esas decisiones eran una señal de que venían más problemas. Las decisiones fueron acogidas por un impulso temporal de actividad, basado en la teoría de que lo importante era la eliminación de la incertidumbre; pero poco después empezó un declive sensacional que no se frenó hasta el anuncio de que el Gobierno procesara a la United States Steel Corporation. Esto se consideró lo peor que podía pasar durante algún tiempo, y fue seguido por un avance notable en el mercado.

Más comúnmente, cuando un evento es incierto, el mercado estima las posibilidades con bastante delicadeza. Cada operador respalda su propia opinión, fuertemente si se siente confiado, moderadamente si todavía tiene algunas dudas que no puede despejar.

El resultado de estas opiniones contrarias puede ser que los precios sean más estables, o un mercado agitado que fluctúa dentro de un rango estrecho, o un movimiento en cualquier dirección, mayor o menor en proporción a la preponderancia más o menos enfática de la compra o la venta.

Por supuesto, siempre hay que recordar que lo que cuenta son los dólares, no el número de compradores o vendedores. Unos pocos grandes capitalistas que tienen información privilegiada que consideran exacta, pueden más que contrarrestar a miles de pequeños operadores que tienen una opinión contraria. De hecho, esta es una condición que se ve con mucha frecuencia, como se ha explicado en un capítulo anterior.

Incluso las operaciones de un inversor individual suelen tener un efecto sobre los precios bastante ajustado a sus opiniones. Cuando cree que los precios son bajos y que todo es favorable para encauzar un movimiento alcista, pondrá a prueba sus recursos para acumular la mayor carga de valores que pueda llevar. Después de un avance claro, si ve que se desarrolla algún factor que pueda causar un descenso, aunque realmente no cree que lo haga, él cree que es prudente aligerar un poco su carga y asegurarse una parte de sus beneficios acumulados. Más tarde, cuando siente que los precios son «demasiado altos», él vende libremente; y si aparece algún peligro mientras el nivel de los valores cotizados sigue siendo alto, «se deshace de las acciones» para estar preparado para lo que pueda venir. Luego, si lo que él considera una especulación injustificada hace que los precios suban todavía mucho más, es muy probable que venda en corto algunos cientos de participaciones.

Sin embargo, es la variación de la opinión entre los distintos hombres lo que tiene mayor influencia para que el mercado responda a las condiciones cambiantes. Un evento que hace que un operador aligere su línea de acciones puede ser considerado como inofensivo o incluso beneficioso por otro, de modo que mantiene su posición o quizás compra más. De una mezcla mundial de ideas, personalidades e informaciones variadas surge el nivel medio del verdadero número de clasificación de las condiciones de inversión.

El resultado necesario de este de razonamiento anterior es que en el mercado no solo se reflejan las probabilidades, sino también las posibilidades más remotas. Difícilmente puede ocurrir un evento de suficiente importancia para atraer la atención general que algún proceso de razonamiento no pueda interpretar como alcista y otro como bajista. Sin duda, incluso nuestro viejo amigo de las columnas de noticias en el sentido de que «las actividades necesarias de una nación de noventa millones de almas crean y mantienen un gran volumen de negocios», puede influir en algún optimista de pura cepa para que compre 100 de Union; pero el pesimista gruñón que ha comido demasiados donuts en el desayuno, aceptará la declaración como una prueba de la escasez de noticias alcistas reales y probablemente venderá 100 de Union en corto por la fuerza de la misma.

Es el especulador sobrecargado de acciones quien causa la mayoría de las fluctuaciones que parecen absurdas para el observador sobrio. No se necesita mucho para hacer que un hombre compre cuando está escaso de acciones. Una noticia que él consideraría insignificante en cualquier otro momento, asumirá entonces una importancia exagerada a sus ojos. Sus temores aumentan en proporción geométrica al tamaño de sus acciones. De igual modo, el alcista sobrecargado puede empezar a «deshacerse de sus acciones» por alguna historia absurda de una guerra entre Honduras y Rumania, sin siquiera detenerse a buscar la ubicación geográfica de los países involucrados.

Las fluctuaciones basadas en situaciones absurdas son siempre relativamente pequeñas. Se deben a un miedo exagerado a lo que pueda hacer «el otro». Personalmente, tú no temes una guerra entre Honduras y Rumania; ¿pero no puede el rumor ser aprovechado por los bajistas como una excusa para una incursión en el mercado? Y tienes demasiadas acciones para estar cómodo si tal ruptura ocurriera.

Además, aunque los bajistas no ataquen al mercado, ¿no habrá un número considerable de personas que, como tú, temerán tal ataque, y por lo tanto aligerarán su carga de acciones, causando así cierto declive?

El operador profesional, siguiendo este razonamiento hasta el límite, llega al final a basar todas sus operaciones en los giros del mercado, no en los hechos, sino en lo que cree que los hechos provocarán en los demás o, más exactamente, en lo que él percibe que las noticias provocan en los demás; pues es probable que tal operador mantenga su dedo constantemente en el botón de la compra y la venta, tal y como se produce en el parqué de la bolsa o como se registra en la cinta de cotizaciones.

El operador no profesional, sin embargo, hará bien en no dejar que su mente se desvíe demasiado lejos en el territorio desconocido de lo que otros pueden hacer. Al igual que la teoría de los valores de «Ellos», es un terreno peligroso, ya que conduce a la renuncia del sentido común; y después de todo, puede que los demás no resulten tan tontos como creemos que son. Si bien es probable que el mercado descuente incluso una posibilidad, las probabilidades están muy en contra de que podamos descontar la posibilidad de manera rentable.

En este asunto del descuento, como en relación con la mayoría de los demás fenómenos bursátiles, la pista más útil que se puede dar es evitar todo esfuerzo por reducir el movimiento de los precios a reglas, medidas o similitudes y analizar cada caso por sí mismo. Es probable que los paralelismos históricos sean engañosos. Cada situación es nueva, aunque generalmente compuesta por elementos familiares. Cada elemento debe ser sopesado por sí mismo y el resultado probable de la combinación debe ser estimado. En la mayoría de los casos el problema no es imposible, pero el estudiante debe aprender a tener visión de largo plazo y a considerar el presente solo como una guía para el futuro. Los precios extremos llegarán en el momento en que las noticias sean más enfáticas y se difundan más ampliamente. Cuando se pasa ese punto la pregunta siempre debe ser: «¿Y ahora qué sigue?».

CAPÍTULO V

Confundir lo Personal con lo General

En un capítulo anterior se ha mencionado el hecho de que una de las mayores dificultades con las que se encuentra el operador activo es la de mantener su mente en una condición equilibrada y sin prejuicios cuando está fuertemente comprometido con el lado largo o corto del mercado. Inconscientemente para sí mismo, permite que su juicio sea influenciado por sus esperanzas.

Un gran especulador experimentado de la Junta de Comercio de Chicago, después de haber estado corto en el mercado y muy bajista en el trigo durante mucho tiempo, un día sorprendió a todos sus amigos cubriéndolo todo, poniéndose largo con una cantidad moderada, y argumentando la posición de manera agresiva en el lado alcista. Durante dos días mantuvo esta posición, pero el mercado no subió. Entonces se volvió hacia el lado corto, y tuvo aún más argumentos bajistas en la punta de su lengua que antes.

Hasta cierto punto lo hizo para probar el mercado, pero aún más para probarse a sí mismo para ver si, cambiando de frente y tomando el otro lado, podía persuadirse a sí mismo de sus opiniones bajistas. Cuando ni siquiera esto logró hacer un cambio real en sus puntos de vista, se tranquilizó y se preparó para una nueva y más agresiva campaña en el lado corto.

No hay nada peculiar en esta condición. Aunque es especialmente difícil mantener una mente equilibrada en lo que respecta a las operaciones en los mercados, no es fácil hacerlo en cualquier cosa que toque de cerca nuestros intereses personales. Por lo general, podemos encontrar muchas razones para hacer lo que tanto queremos hacer, y somos aún más prolíficos con las excusas para no hacer lo que no queremos hacer. La mayoría de nosotros cambiamos el viejo sofisma «Lo que sea, es correcto» por la forma más directamente útil «Lo que quiero es correcto». A muchos lectores se les ocurrirá de inmediato el nombre de un hombre prominente en la vida pública que parece actuar muy frecuentemente con este lema.

Si Smith y Jones tienen un acuerdo verbal, que después resulta ser muy ventajoso para Jones, Smith recuerda que se trataba simplemente de un acuerdo informal que podía ser cancelado en cualquier momento, mientras que Jones recuerda que era un contrato legal definitivo, perfectamente ejecutable si solo se hubiera escrito. Talleyrand dijo que el lenguaje se nos dio con el propósito de ocultar el pensamiento. De la misma manera, muchos parecen pensar que la lógica se nos dio con el propósito de respaldar nuestros deseos.

Pocas personas son tan introspectivas como para poder decir dónde empieza y dónde termina este sesgo a favor de sus propios intereses. Menos aún se molestan en hacer el esfuerzo de contarlo. En gran medida, entrenamos nuestro juicio para que se preste a nuestros intereses egoístas. La cuestión que nos incumbe no es tanto si tenemos los hechos de una situación correctamente en mente, como si podemos «superarla».

Cuando se trata de comprar y vender acciones, no existe tal cosa como «superarlo». El mercado es implacable. No puede ser movido por nuestros argumentos falsos. Responderá exactamente a las fuerzas y personalidades que trabajan en él, sin más consideración por nuestras opiniones que si no pudiéramos votar. No podemos trabajar por nuestros propios intereses como en otras líneas de negocio, solo podemos ajustar nuestros intereses a los hechos.

Para lograr el mayor éxito es necesario que el operador olvide por completo de su propia posición en el mercado, de sus ganancias o pérdidas, de la relación de los precios actuales con el punto en que compró o vendió, y que fije sus pensamientos en la posición del mercado. Si el mercado está bajando, el operador debe vender, sin importar si tiene una ganancia o una pérdida, si compró hace un año o dos minutos.

Lo lejos que está el operador medio de alcanzar este punto de vista se ve rápidamente en su conversación, y también es cierto que gran parte de la literatura sobre especulación no llega en absoluto a esta concepción.

«Si tienes cinco puntos de ganancia, será mejor que los cojas», aconseja el corredor de bolsa. Tal vez sea así, si no sabes nada del mercado; pero si entiendes el mercado, el momento de tomar tu ganancia es cuando el movimiento alcista muestra signos de culminación, independientemente de tu propia operación.

«Detén tus pérdidas; deja correr tus ganancias» es un dicho que atrae al novato como la esencia de la sabiduría. Pero la cuestión es dónde detener las pérdidas y hasta dónde dejar correr las ganancias. En otras palabras, ¿qué va a hacer el mercado? Si puedes saber esto, tus pérdidas y ganancias personales se arreglarán solas.

He aquí un hombre que ha hecho muchos cálculos y ha demostrado a su propia satisfacción que siete puntos es la ganancia correcta que hay coger en Union Pacific, mientras que las pérdidas deberían limitarse a dos puntos y medio. Nada podría ser más tonto que estas cifras arbitrarias. Está tratando de hacer que el mercado se adapte a sus propias operaciones, en lugar de adaptar sus operaciones al mercado.

En la oficina de cualquier corredor, observarás que gran parte de la charla se refiere a las ganancias y pérdidas de los operadores. Brown obtuvo una ganancia de diez puntos y luego dejó que se le escapara. «¡Gran Scott!» dice su sabio amigo. «¿Qué quieres? ¿No estás satisfecho con diez puntos de ganancia?». La respuesta debería ser, aunque rara vez lo es: «Por supuesto que no, si creo que el mercado va a subir más».

Una vez escuché a un corredor decirle a otro: «Sácalos del mercado con una pequeña ganancia. Si no lo haces, ellos aguantarán y sufrirán pérdidas. Nunca obtendrán suficientes ganancias para satisfacerlos». Sería una buena política, probablemente, si ni el corredor ni su cliente tenían un conocimiento real del mercado; pero para el operador que pretende ser mínimamente científico son meras tonterías.

El hecho es que cuanto más un operador permite que su mente se concentre en su propia posición en el mercado, más probable es que su juicio se desvíe de modo que su mente esté ciega a aquellas consideraciones que no coincidan con su opinión preconcebida.

Hasta que no lo prueba, casi no tiene idea de hasta qué punto puede perder la razón por el simple hecho de estar comprometido con un lado del mercado. «En el mercado, ser consistente es ser testarudo», ha dicho alguien; y es cierto que el hombre de fuerte voluntad e intelecto lógico suele tener menos éxito que el observador más superficial y volátil, que está dispuesto a dar bandazos como la veleta ante cualquier sospecha de un cambio en el viento. Esto se debe a que el hombre fuerte en este caso se ha embarcado en una empresa en la que no puede usar su fuerza y determinación natural; solo puede emplear sus facultades de observación e interpretación. Sin embargo, al final, el hombre de carácter tendrá éxito de manera más permanente, porque eventualmente dominará su tema más a fondo y alcanzará una actitud más judicial.

Los más ingenuos, después de comprometerse una vez con una posición, se ven principalmente influenciados y apoyados por las ilusiones de la esperanza. Compraron, probablemente, como resultado de algún desarrollo alcista. Si los precios han avanzado, descubren que el mercado «parece fuerte», salen muchas noticias alentadoras en los teletipos, y se esperan obtener grandes ganancias. Después de cinco puntos a su favor, esperan diez, y después de diez buscan quince o veinte.

Por otro parte, si los precios bajan, lo achacan de «manipulación», «ataques de los bajistas», etc., y esperan una pronta recuperación. Gran parte de las noticias bajistas les parecen que se publican maliciosamente, para hacer que los precios sigan bajando. No es hasta que la caída empieza a causar una invasión dolorosa de su capital que llegan hasta el punto de decir: «Si -Ellos- pueden bajar los precios de esta manera ante una situación alcista, ¿de qué sirve luchar contra ellos? Un aluvión de ventas al descubierto, pueden bajar los precios tanto como quieran o algo por el estilo.

Estos operadores sufren simplemente de juventud, o falta de sentido comercial sólido, o de ambas cosas. Tienen un período importante de estudio por delante, si persisten hasta obtener resultados rentables de manera permanente. La mayoría de ellos, por supuesto, no persisten.

Una clase mucho más inteligente, muchos de los cuales deben considerarse propiamente como inversores, no permiten que su posición en el mercado les ciegue en lo que se refiere a las noticias de actualidad o a la evolución de las estadísticas, pero sí que se dejen llevar con respecto al factor más importante de todos: el efecto de un cambio en el nivel de los precios.

Compraron acciones con la expectativa de una mejor situación. La situación mejorada llega y los precios suben. No aparece nada serio en cuanto a noticias bajistas. Por el contrario, las noticias alcistas siguen siendo abundantes. En estas condiciones, no ven ninguna razón para vender.

Sin embargo, puede haber una razón muy importante para vender, y es que los precios han subido lo suficiente como para contrarrestar la mejora de la situación, y que ellos verían y apreciarían este hecho si estuvieran en la posición de un observador desinteresado.

Una de las razones principales por las que los inversores de esta clase se dejan confundir en cuanto a la influencia del nivel de precios es porque un mercado alcista casi siempre sube irrazonablemente alto antes de culminar. El inversionista quizás haya vendido en varias ocasiones anteriores a lo que él creía que era un nivel de precio justo, solo para ver cómo el público se escapaba con el mercado hasta un punto en el que sus ganancias se habrían duplicado si hubiera aguantado.

En estos casos, es esencial un conocimiento experto de la especulación. Si el inversor no tiene este conocimiento, y no puede obtener el asesoramiento fiable de alguien que lo tenga, deberá contentarse con ganancias más moderadas y renunciar a la expectativa de obtener la ganancia completa del avance. Pero con un buen conocimiento de las influencias especulativas, puedes concentrar tu mente en el desarrollo de la campaña, independientemente de sus propias posesiones, y por lo general puedes asegurar una ganancia mayor que si dependieras simplemente del «sentido común» comercial ordinario.

El error se comete cuando, sin ningún conocimiento experto de la especulación, se permite aguantar con la esperanza de ver precios más altos después de que se ha alcanzado un nivel que ha descontado bastante las mejores condiciones comerciales.

Ningún operador entre mil llega a ser tan experto o experimentado como para superar por completo la influencia que su posición en el mercado ejerce sobre su juicio. Esa influencia aparece de las formas más traicioneras y elusivas. Una de las principales dificultades del experto consiste en evitar que su imaginación activa le haga ver lo que busca solo porque lo está buscando.

Un ejemplo lo dejará claro.

El experto ha aprendido de la experiencia, digamos, que la aparición de «agujeros» en el mercado es un signo de debilidad. Por «agujero» se entiende una condición del mercado en la que este se niega repentina e inexplicablemente a tomar acciones. Se ponen a la venta unos cuantos cientos de participaciones de una acción activa. En general, el sentimiento alcista, pero no hay ningún comprador para esa acción. Los precios bajan rápidamente medio punto o un punto antes de encontrar compradores. Esto, en una acción activa, es inusual; y aunque el precio puede recuperarse, el profesional no olvida esta traicionera incapacidad del mercado para aceptar ofertas moderadas. Él considera que es una señal de que el mercado está «sobrecomprado».

Ahora supongamos que el operador ha calculado que un avance está a punto de culminar y ha tomado el lado corto anticipándose a ese evento. Sospecha que el mercado está sobrecomprado, pero aún no está seguro de ello. En estas circunstancias, cualquier pequeña caída en el precio quizás le parecerá un «agujero», aunque en otras condiciones no lo notaría o no pensaría nada al respecto. ¡Él está buscando el desarrollo de la debilidad y existe el peligro de que su imaginación le muestre lo que está buscando, aunque no esté allí!

Las mismas observaciones se aplicarían a la detección de la acumulación o la distribución. Si deseas ver la distribución después de un fuerte avance, es muy probable que la veas. Si has vendido y quieres obtener una reacción sobre la cual recomprar, verás muchos indicios de una reacción. De hecho, es una especie de proverbio en Wall Street que dice que no hay bajista tan bajista como un alcista vendido que quiere una oportunidad de recompra.

En el estudio de las condiciones llamadas «técnicas» del mercado, a menudo aparece una situación que permite hacer una doble construcción. Las indicaciones de varios tipos están casi equilibradas; algunas cosas pueden interpretarse de dos formas diferentes; y un operador que aún no esté interesado en el mercado, probablemente piense que es prudente mantenerse al margen hasta que pueda ver su camino con más claridad.

En tales circunstancias, encontrarás una regla casi invariable que el hombre que estaba largo antes de que surgiera esta condición, interpretará las condiciones técnicas como alcistas, mientras que el hombre que estaba y permanece corto, ve indicios claros de debilidad técnica. Algo divertido, pero cierto.

En este asunto de permitir que el juicio sea influenciado por compromisos personales, se puede escribir muy poco de una naturaleza constructiva o prácticamente útil, excepto la palabra «No». Sin embargo, cuando el inversor u operador se da cuenta de que es un observador con prejuicios, ha progresado; pues este conocimiento le impide confiar ciegamente en algo que, en este momento, llama juicio, pero que puede resultar simplemente un impulso de codicia inusualmente fuerte.

Los escritores de la bolsa de valores han observado a menudo que, dado que el gran público es bajista en la parte baja y optimista en la parte alta del mercado, podría hacer su fortuna y vencer a los multimillonarios en su propio juego simplemente invirtiéndose comprando cuando tiene ganas de vender y vendiendo cuando tenga ganas de comprar. Tom Lawson, en el apogeo de su publicidad, parece haber tenido una especie de sueño en el que el público volviera a vender a los capitalistas de la Standard Oil las acciones que les había comprado y, que de este modo todo se hiciera añicos en el filantrópico Thomas, sin duda, siendo el primero en quedarse atrapado en el mercado.

Esta torpeza del público ya no existe en la misma medida que antes. Un gran número de pequeños inversores compran y venden inteligentemente y se ha producido un descenso muy notable en la clase de comercio de los juegos de azar para satisfacción de todos, excepto, quizás, de los corredores de bolsa que antes manejaban tales negocios.

Sin embargo, sigue siendo cierto que el momento mismo en que el mercado parece más fuerte es probable que esté cerca de la cima, y justo cuando los precios parecen haber empezado con una caída recta hacia el punto cero, suele estar cerca del suelo de mercado.

La forma práctica de que el inversor utilice este principio es estar preparado para vender en el momento en que el sentimiento alcista parece estar más extendido, y comprar cuando el público en general parece estar más desanimado. Es especialmente importante para él que tenga en cuenta este principio a la hora de tomar beneficios de operaciones anteriores, ya que sus propios intereses se identifican entonces con la tendencia actual de los precios.

En pocas palabras, el operador o inversor que ha estudiado el tema lo suficiente como para leer este libro, probablemente no podría obtener beneficios invirtiéndose, incluso si tal cosa fuera posible; pero puede esforzarse por mantenerse en un estado de ánimo desinteresado y sin prejuicios, y estudiar la psicología de las masas, especialmente en la medida en que se manifiesta en el movimiento de los precios.

CAPÍTULO VI

El Pánico y el Auge

Tanto el pánico como el auge son fenómenos especialmente psicológicos. Esto no quiere decir que las condiciones fundamentales no justifiquen a veces fuertes descensos de los precios y en otras ocasiones avances igualmente bruscos. Pero el pánico, propiamente llamado, representa un declive mayor que el justificado por las condiciones, normalmente, debido a un estado de excitación de la mente del público, acompañado por el agotamiento de los recursos; mientras que el término «auge» se utiliza para referirse a un avance excesivo y en gran parte especulativo.

Hay algunas características especiales relacionadas con el pánico y el auge que merecen ser consideradas por separado.

Es realmente asombroso el control que ejerce el miedo a un posible pánico en la mente de muchos inversores. Sin duda, el recuerdo de los sucesos de 1907 ha contribuido en gran medida a reducir el volumen de la negociación especulativa desde ese momento hasta el presente (abril de 1912). Pánicos de igual gravedad solo han ocurrido unas pocas veces en toda la historia del país, y la posibilidad de que se produzca un estallido de este tipo en un mes cualquiera, es menor que la posibilidad de pérdida de la inversión promedio por la quiebra de una compañía. Sin embargo, el espectro de tal pánico surge en la mente de los inexpertos cada vez que piensan en comprar acciones.

«Sí», puede decir el inversor, «Reading parece estar en una posición muy fuerte, ¡pero, mira dónde se vendió en 1907 a 70 dólares la participación!».

A veces se asume que los precios bajos en caso de un pánico se deben a un repentino espasmo de miedo, que llega rápidamente y desaparece enseguida. Este no es el caso. En cierto modo, la función del elemento del miedo empieza cuando los precios están cerca de los máximos. Algunos inversores precavidos empiezan a temer que el auge se esté exagerando y que una caída desastrosa deba seguir a la especulación excesiva por la subida. Venden bajo la influencia de este sentimiento.

Durante el posterior declive, que puede durar años, cada vez más personas empiezan a sentirse incómodas por las condiciones comerciales o financieras y liquidan sus posesiones. Esta precaución o temor se extiende gradualmente, aumentando y disminuyendo en oleadas, pero creciendo un poco más en cada oleada sucesiva. El pánico no es un desarrollo repentino, sino el resultado de causas acumuladas durante mucho tiempo.

Los precios mínimos reales del pánico son más bien el resultado de la necesidad que del miedo. Aquellos inversores que podrían ser asustados para que abandonen sus posesiones, es más probable que se rindan antes de que se toque fondo. Los precios más bajos suelen producirse por las ventas de aquellos cuyos recursos inmediatos se han agotado. La mayoría de ellos son cogidos por sorpresa y podrían reunir el dinero necesario para mantener sus acciones si tuvieran un poco de tiempo; pero en la bolsa de valores, «el tiempo es la esencia del contrato», y eso es precisamente lo que no pueden tener.

La gran causa de las pérdidas en tiempos de pánico es la incapacidad del inversor de mantener suficiente capital en forma líquida. El inversor se encuentra «atado» en varias operaciones, de modo que no puede darse cuenta rápidamente. Puede que tenga abundantes posesiones, pero no dinero disponible. Esta condición, a su vez, es el resultado de intentar hacer demasiadas cosas con avaricia, precipitación, ambición excesiva, y un exceso de confianza en el futuro.

En tiempos de pánico, se nota que llega un período en el que casi todo el mundo piensa que las acciones están lo suficientemente bajas, sin embargo, los precios siguen bajando hasta a un nivel todavía más bajo. El resultado es que muchos inversores, después de pensar que se han «cargado» con acciones cerca del suelo de mercado, descubren que era un fondo falso, y al final se ven obligados a deshacerse de sus posiciones en un nuevo descenso.

Esto se debe al hecho mencionado anteriormente, de que los precios finales bajos son el resultado de necesidades, no de opiniones. Por ejemplo, en 1907 todo el que tuviera sentido común sabía perfectamente que las acciones se estaban vendiendo por debajo de su valor; el problema era que los inversores no podían conseguir el dinero con el cual comprar.

La moraleja de esto es que los precios bajos, después de un período bajista prolongado, no son en sí mismos una razón suficiente para comprar acciones. La clave de la situación está en la *acumulación de capital líquido*, que se pone de evidencia con mayor rapidez en una rápida recuperación del exceso de depósitos sobre préstamos en la cámara de compensación bancaria de Nueva York (excluyendo las sociedades fiduciarias, en las que los préstamos son más variados). Sin embargo, este tema nos lleva fuera de nuestro campo actual.

Es en gran medida debido a que la última parte de la caída de un pánico no ha sido causada por la opinión pública, ni siquiera fue porque el público tuviera miedo, sino por la necesidad, derivada del agotamiento absoluto de los fondos disponibles, que la primera parte de la recuperación posterior tiene lugar sin ninguna razón aparente.

Los operadores dicen: «El pánico ha terminado, pero las acciones no pueden subir mucho en condiciones tan bajistas como las actuales». Sin embargo, las acciones pueden seguir subiendo, y de hecho lo hacen, simplemente porque están recuperando el nivel natural desde el que estaban presionadas por las «ventas en quiebra», como diríamos al hablar de los productos secos.

Quizás la palabra «miedo» se ha utilizado en exceso en la discusión de la psicología bursátil. Son muy pocos los que realmente venden sus acciones bajo la influencia directa del miedo. Pero un sentimiento de precaución lo suficientemente fuerte como para inducir ventas, o incluso una creencia fija de que los precios deben bajar, constituye en sí mismo una especie de modificación del miedo, y tiene el mismo resultado en lo que respecta a los precios.

El efecto de este miedo o precaución en un pánico no se limita a la venta de acciones, sino que es aún más importante para prevenir compras. Se necesita mucha menos inquietud para hacer que el inversor intencional retrase las compras que precipitar las ventas reales por parte de los tenedores. Por esta razón, una pequeña cantidad de acciones presionadas para la venta en un mercado de pánico, puede provocar una disminución desproporcionada en relación con su importancia. Las ofrendas pueden ser pequeñas, pero nadie las quiere.

Este es el factor que explica que las recuperaciones rápidas suelen seguir a los pánicos. Los inversores que esperan tienen miedo de ponerse delante de un mercado desmoralizado, pero una vez que aparece el giro de mercado, se estorban los unos a los otros para comprar acciones.

El auge es, en muchos sentidos, lo contrario del pánico. Al igual que el miedo sigue creciendo y extendiéndose hasta el colapso final, la confianza y el entusiasmo siguen reproduciéndose mutuamente en una escala cada vez más amplia hasta que el resultado sea una especie de gozo por parte de miles de hombres, muchos de ellos relativamente jóvenes e inexpertos, que han «ganado mucho dinero» durante el largo avance de los precios.

Estos millonarios imaginarios aparecen en un pequeño enjambre durante cada mercado alcista prolongado, solo para caer con las alas chamuscadas tan pronto como los precios bajan. Estos especuladores son, básicamente, prácticos e irresponsables. Es su propia irresponsabilidad la que les ha permitido ganar dinero tan rápidamente con el avance de precios de las acciones. El hombre prudente solo obtiene ganancias moderadas en un mercado alcista; es el hombre que opera con «márgenes de maniobra» el que obtiene la mayor ganancia de la subida.

Cuando se han acumulado tantas fortunas, el mercado puede caer temporalmente en manos de estos espíritus temerarios, de modo que casi cualquier imprudencia es posible durante un tiempo. Es este tipo de compra la que hace que los precios suban después de que ya son lo suficientemente altos, al igual que bajan en caso de pánico después de que se ve claramente que son lo suficientemente bajos.

Cuando los precios superan el nivel natural, empieza a aparecer un interés corto bien calculado. Estos cortos están en lo cierto, pero demasiado pronto para posicionarse. En un auténtico mercado alcista, casi siempre se ven impulsados a cubrirse con un nuevo ascenso, lo cual es, desde el punto de vista del sentido común, poco razonable. Un alboroto de márgenes piramidales lleva al cuerdo vendedor en corto y al calculador a refugiarse de manera temporal.

Una influencia psicológica de mucho mayor alcance también opera para ayudar a un mercado alcista a alcanzar alturas irrazonables. Un mercado de este tipo suele ir acompañado de un aumento de precios en todas las líneas de negocio, y este aumento de precios siempre crea en la mente de los hombres de negocios la impresión de que sus variadas empresas son más rentables de lo que realmente son.

Una de las razones de esta falsa impresión se encuentra en las acciones de productos disponibles. Por ejemplo, tomemos el caso del tendero mayorista que tiene existencias cuyo inventario era de 10.000 $ en enero de 1909. En esa fecha, el índice de precios de las materias primas de Brad Street se situó en 8.26. En enero de 1910, el índice de Brad Street era 9.23. Si los precios de los distintos artículos incluidos en esta mercancía de comestibles aumentaran en la misma proporción que la lista de Brad Street, y si el tendero tuviera exactamente las mismas cosas a mano, las inventariaba a unos 11.168 dólares en enero de 1910.

Él obtuvo un beneficio adicional de 1.168 $ durante el año sin ningún esfuerzo, y probablemente sin ningún cálculo, de su parte. Pero esta ganancia solo fue aparente, no real; ya que no pudo comprar más con los 11.168 $ en enero de 1910, de lo que podría haber comprado con los 10.000 $ en enero de 1909. Se engaña al suponer que es más rico de lo que realmente es, y esta falsa idea conduce a un crecimiento gradual de la extravagancia y la especulación en cada línea de negocio y en todas las áreas de la vida.

Los resultados secundarios de esta ilusión de aumento de la riqueza debido a la subida de los precios, son incluso más importantes que los resultados primarios. Por ejemplo, nuestro tendero decide gastar estos 1.168 $ en un automóvil. Esto ayuda al sector de la automoción. Cientos de pedidos similares inducen a la empresa automovilística a ampliar su planta. Esto significa grandes compras de material y empleo de mano de obra. El aumento de la demanda resultante de una situación similar en todos los departamentos de la industria produce, si otras condiciones son favorables, un aumento aún mayor de los precios; de ahí que al final de otro año, el tendero quizás tenga otro beneficio imaginario, que gasta en ampliar su residencia o comprar muebles nuevos, etc.

La bolsa de valores siente el reflejo de todo este aumento de negocio y de precios más altos. Sin embargo, todo es psicológico, y tarde o temprano nuestro tendero debe ganar y ahorrar, mediante el trabajo duro, la vida económica y el cálculo de manera inteligente, la cantidad que ha pagado por su automóvil o sus muebles.

Una vez más, la subida de los precios de las acciones y de las materias primas reaccionan entre sí. Si el tendero, además de su ganancia imaginaria de 1.168 $, observa con atención un avance del diez por ciento en los precios de varios valores que tiene para invertir, se ve animado a realizar gastos aún mayores; e igualmente si el capitalista observa un avance del diez por ciento en la bolsa, tal vez contrate a más sirvientes y aumente los gastos de su hogar para comprar más comestibles. Así, la sensación de confianza y entusiasmo se extiende cada vez más como las ondas de una piedra arrojada a un estanque. Y todos estos desarrollos se reflejan fielmente en el barómetro bursátil.

El resultado es que, en un año como 1902 o 1906, los elevados precios de las acciones y la actividad febril del comercio en general se basan, en una medida totalmente insospechada, en una especie de pirámide de impresiones erróneas, la mayoría de las cuales se pueden rastrear, directa o indirectamente, al hecho de que medimos todo en dinero y siempre pensamos en esta medida monetaria como algo fija e inmutable, mientras que en realidad nuestro dinero fluctúa en valor al igual que el hierro o las patatas. Estamos acostumbrados a calcular el valor monetario del trigo, pero nos duele la cabeza cuando tratamos de calcular el valor del dinero en trigo.

Cuando una situación ficticia como esta empieza a desmoronarse, la bolsa de valores, cumpliendo su función de barómetro, cae primero, mientras que el negocio general sigue activo. Entonces, los «tiburones del dinero profesional de Wall Street» son maldecidos rotundamente por el público y hay un deseo generalizado de borrarlos de la tierra de forma sumaria. La bolsa nunca se vuelve popular a menos que esté subiendo; sin embargo, su bajada hace mucho más para promover el bienestar del país a largo plazo, ya que sirve para moderar el colapso que eventualmente debe venir en los círculos empresariales generales y para prevenirnos de los problemas que nos esperan para que podamos prepararnos para ello.

Por lo general, es más difícil distinguir el final de un auge bursátil que decidir cuándo se terminó definitivamente el pánico. Sin embargo, el principio de esto es bastante simple. Fue un exceso de oferta de capital líquido lo que hizo que el mercado empezara a subir una vez que paso el pánico. Del mismo modo, es el agotamiento de capital líquido lo que pone fin al movimiento alcista. Este agotamiento se manifiesta en el aumento de las tasas de los préstamos a corto plazo, en la pérdida del exceso de depósitos sobre los préstamos en la cámara de compensación bancaria de Nueva York, en el aumento constante de las tasas de los pagarés, y en la recesión del mercado de bonos de alto grado.

CAPÍTULO VII

La Psicología de las Órdenes Escalonadas

El observador de las condiciones del mercado pronto llega a saber que hay dos clases generales de mentes cuyas operaciones se reflejan en los precios. Estas clases podrían ser denominadas como «impulsivas» e «imperturbables». El operador «impulsivo» dice, por ejemplo: «Las condiciones, tanto fundamentales como técnicas, garantizan la subida de los precios». Habiendo llegado a esta conclusión, él procede a comprar acciones. No intenta ni espera comprar cuando se toque fondo. Por el contrario, está perfectamente dispuesto a comprar en máximos, siempre que vea perspectivas de un mayor avance. Cuando saca su propia conclusión de que las condiciones se han vuelto bajistas, o que el avance de los precios ha descontado en exceso las condiciones anteriores, vende todo.

Por otra parte, el tipo de inversor «imperturbable», difícilmente puede ser persuadido para comprar en un avance. Él razona: «Los precios se mueven con frecuencia varios puntos en contra de las condiciones del mercado, o al menos en contra de lo que a mí me parece que son las condiciones. Lo más sensato que debo hacer es aprovechar estos movimientos contrarios».

Por lo tanto, cuando él cree que hay que comprar acciones, coloca una orden de compra escalonada. Su pensamiento es:

«Me parece que las acciones deberían avanzar a partir de estos precios, pero yo no soy un adivino, y los precios a menudo han bajado tres puntos cuando me sentía tan optimista como ahora. Así que voy a poner órdenes de compra cada medio punto de bajada por tres puntos. Estos especuladores están locos y no se sabe qué brisa pasajera podría golpearlos y provocar una bajada temporal de unos cuantos puntos».

Entre los grandes capitalistas, y especialmente en la comunidad bancaria, predomina, por supuesto, el tipo «imperturbable». Estos hombres no tienen ni el tiempo ni la disposición para observar de cerca el tablero de cotizaciones, y casi siempre niegan cualquier habilidad para predecir los movimientos más pequeños de los precios. Sin embargo, están totalmente dispuestos a aprovechar estas pequeñas fluctuaciones cuando se producen y, al tener mucho capital, pueden lograrlo fácilmente comprando o vendiendo a gran escala.

De hecho, el mercado suele estar lleno de órdenes escalonadas, y el conocimiento de esto y de la forma en que se manejan dichas órdenes, será sin duda alguna útil para juzgar el estilo operativo y la posición técnica del mercado día a día.

Los dos tipos de operadores descritos anteriormente siempre compiten uno contra el otro. La compra o venta del operador «impulsivo» tiende a forzar los precios al alza o a la baja, mientras que las órdenes de escala de la clase «imperturbable» tienden a oponerse a cualquier movimiento.

Por ejemplo, supongamos que los grandes profesionales bancarios creen que las condiciones son bastante sólidas y que la tendencia general del mercado será alcista durante algún tiempo. Por lo tanto, varias personas realizan órdenes para comprar acciones cada punto hacia abajo, o cada medio punto, cuarto o incluso octavo punto hacia abajo.

Por otro lado, los operadores de parqué activos consideran que, debido a algún suceso temporal desfavorable, se puede obtener un seguimiento en el lado bajista. Perciben la presencia de órdenes escalonadas, pero creen que habrá suficientes acciones en la bajada para cubrir dichas órdenes y dejar un saldo positivo.

Por decirlo de otra manera, la oferta flotante de acciones se ha convertido, por el momento, en algo mayor de lo que se puede mover a gusto de mano en mano por la clase de operadores que entran y salen del mercado. El mercado debe bajar hasta que una parte de esta oferta flotante sea absorbida por las órdenes escalonadas que subyacen a los precios actuales.

Estas condiciones en las que se encuentra el mercado producen lo que comúnmente se llama una «reacción». Una vez que este excedente de oferta flotante de acciones sea absorbido por las órdenes permanentes, el mercado estará listo para empezar de nuevo el ascenso. Si la tendencia general es alcista, se encontrará mucha menos resistencia en el avance que la que se encontró en la reacción; de ahí que los precios suban a un nuevo nivel más alto. Entonces se realizará la toma de ganancias, en órdenes limitadas o en escala a varios precios, y a medida que avanza el mercado, la oferta flotante aumentará gradualmente hasta que se vuelva difícil de manejar y sea necesaria otra reacción.

Finalmente, se alcanza un nivel, o aparece algún cambio en las condiciones, lo que hace que estas órdenes de compra escalonadas se retiren parcial o totalmente, y se sustituyan por órdenes de venta de escala ascendentes. El mercado alcista no irá mucho más lejos después de que se produzca este cambio. Ahora se ha vuelto más fácil producir descensos que avances. La situación es la inversa a la descrita anteriormente, y se produce un mercado bajista.

Por lo general, hay un período importante alrededor de los precios máximos en el que se siguen encontrando órdenes de compra a gran escala en los descensos, pero la toma de ganancias también se cumple con los avances, de modo que el mercado se mantiene fluctuando dentro de un rango estrecho durante un mes o más. De hecho, es probable que se mantenga en este nivel mientras las compras por parte del público continúen siendo mayores que sus ventas. A esto se le suele llamar «distribución». Un período similar de «acumulación» suele producirse después de que un mercado bajista ha seguido su curso, y antes de que aparezca cualquier avance importante.

Una observación de cerca de las transacciones, o un estudio continuo de las cotizaciones como se publican en ciertos periódicos, a menudo permite al operador experimentado descubrir cuándo se retiran o revierten las órdenes de escala más importantes.

Un mercado alcista que está lleno de órdenes de compra a gran escala encuentra «soporte» en las caídas. Los bajistas son tímidos a la hora de hacer bajar los precios, porque continuamente «pierden sus posiciones». Dicen que «hay muy pocas acciones disponibles en las caídas» de ahí que haya una cierta apariencia de cautela en la forma en que el mercado desciende, y el volumen de negociación muestra, de manera amplia, una caída a precios más bajos. Sin embargo, en los avances la actividad operativa aumenta.

Hacia el final del mercado alcista se nota un cambio. Los precios bajan con facilidad y en las transacciones más grandes, mientras que los avances son lentos y la oposición se encuentra en niveles más altos donde se han colocado órdenes de venta para la toma de ganancias. A menudo, se puede distinguir el mismo día en que se retiran las órdenes de compra escalonadas en una acción.

En un mercado bajista, la «presión» vendedora aparece en el lugar de «soporte». Las órdenes escalonadas son utilizadas principalmente para vender a medida que el mercado sube. Con los avances solo se puede obtener un pequeño seguimiento de los compradores, por lo que el volumen de negociación, de forma general, decaiga a medida que los precios suben. El final del mercado bajista está marcado por la reaparición del «soporte» y la eliminación de la «presión», de modo que los precios se recuperan rápida y bruscamente de las caídas.

La suposición común es que este «apoyo» o «presión» está dirigido por los «manipuladores» del mercado. Pero es muy probable que sea el resultado de las operaciones escalonadas de cientos de personas diferentes, cuya estructura mental les impide comprar o vender de forma «impulsiva».

CAPÍTULO VIII

La Actitud Mental de los Individuos

En capítulos anteriores hemos visto que muchas, si no la mayor parte, de las anomalías de los mercados especulativos, comúnmente atribuidas a la manipulación, se deben en realidad a las peculiares condiciones psicológicas que rodean a dichos mercados. Especialmente, y más que todo lo demás en conjunto, estas fluctuaciones erráticas son el resultado de los esfuerzos de los operadores para negociar, no sobre la base de los hechos, ni sobre su propio juicio con respecto al efecto de los hechos en los precios, sino sobre lo que creen que será el efecto más probable de los hechos o rumores en la mente de otros operadores. Esta actitud mental abre un amplio campo de conjeturas, que no está limitado por ninguna frontera definida de hechos o de sentido común.

Sin embargo, sería una tontería afirmar que asumir una posición en el mercado basándose en lo que harán los demás es una actitud equivocada. Es confuso para los que aún no se han iniciado en la bolsa, y es casi seguro que los primeros esfuerzos para trabajar en un plan de este tipo sean desastrosos; pero para los experimentados se convierte en un método exitoso, aunque por supuesto nunca seguro. Los primeros esfuerzos de un niño por utilizar una herramienta afiliada lo más probable es que resulten en un derramamiento de sangre, pero la misma herramienta puede diseñar una obra de arte exquisita en manos de un experto.

Entonces, ¿cuál debería ser la actitud mental del comprador y vendedor inteligente de valores?

El inversor de «largo plazo», que compra directamente al contado y mantiene su posición para obtener una ganancia importante, solo tiene que considerar este asunto lo suficiente como para evitar confundirse con los caprichos del sentimiento del público o con sus propios procesos de razonamiento contrarios. Obtendrá los mejores resultados si se mantiene atento a dos cosas: los hechos y los precios. El tipo de interés actual, el poder adquisitivo de las corporaciones cuyas acciones él compra, el desarrollo de las condiciones políticas que afectan el capital invertido y la relación de los precios actuales con la situación, como lo demuestran estos tres factores, constituyen el alimento más importante para que su mente pueda trabajar.

Cuando se encuentra divagando en la consideración de lo que «Ellos» harán a continuación, o qué efecto pueden tener estos eventos en el sentimiento de los especuladores, él no puede hacer nada mejor que volver a la normalidad con un pequeño cambio en su comportamiento diciéndose a sí mismo con dureza: «De vuelta al sentido común».

Para el operador más activo, la situación es diferente. No tiene por qué ignorar por completo los valores o las condiciones fundamentales, pero su objetivo principal es «ir con la marea». Eso significa basar sus operaciones en gran medida en lo que otros pensarán y harán. Su propia actitud mental, por lo tanto, es una parte muy importante de su arsenal de herramientas para el éxito.

En primer lugar, el operador debe ser un optimista que use el razonamiento. Difícilmente se puede imaginar un destino más horrible que el pesimismo superficial de muchos hábitos del mercado, cuyas mentes, incapaces de captar las fuerzas más grandes que se encuentran bajo los movimientos de los precios, se refugian en una incredulidad cínica en casi todo lo que hace que la vida valga la pena.

Sin embargo, debido a la naturaleza del negocio, este optimismo debe ser de un carácter algo diferente al que trae el éxito en otros campos. En general, el optimismo incluye el alimento persistente de la esperanza, una confianza agresiva, la certeza de que se tiene razón, y una determinación firme para lograr el objetivo. Pero no puedes hacer que la bolsa de valores se mueva a tu favor creyendo que lo hará. He aquí un caso, en el que los métodos del Nuevo Pensamiento no pueden aplicarse directamente.

En el mercado no eres más que una ficha en la marea de los eventos. El optimismo, entonces, debe consistir en creer, no que la marea fluirá continuamente en su dirección, sino que tú lograrás flotar con la marea. Tu optimismo debe ser, en cierto sentido, del intelecto, no de la voluntad. Un optimismo basado en la determinación equivaldría, en este caso, a la terquedad.

Otra cualidad que contribuye al éxito en casi todas las líneas de negocio es el entusiasmo. Esto no tiene absolutamente ningún uso en la bolsa de valores. En el momento en que te permites entusiasmarte, estás subordinando tu capacidad de razonamiento a tus creencias o a tus deseos.

El entusiasmo te ayuda a influir en la mente de otros hombres, pero en el mercado no deseas hacer esto (a menos que seas un gran líder de alcistas). Deseas mantener tu mente tan clara, fría e imperturbable como la superficie de un lago en la montaña en un día tranquilo. Cualquier emoción, entusiasmo, miedo, ira, depresión, solo nublará el intelecto.

Sin duda, sería evidente advertir al operador contra la terquedad. No se puede suponer que ningún operador se permitiría conscientemente volverse terco. El problema surge al trazar la línea que divide, por un lado, la perseverancia, la consistencia, la persecución de un plan definido hasta que cambien las condiciones; y, por otro lado, la adhesión obstinada a un curso de acción que los eventos posteriores han demostrado ser erróneos.

Un día en la región, con el mercado olvidado o, si es necesario, expulsado a la fuerza de los pensamientos, a menudo permitirá al operador volver con la mente aclarada, para que luego él pueda condenarse inteligentemente o liberarse del vicio de la terquedad. En ocasiones, puede ser necesario cerrar todas las operaciones y permanecer fuera del mercado durante unos días.

Uno de los errores más comunes podría describirse como «hacerse una idea». Esto se debe al fracaso o a la incapacidad del operador para tener una visión más amplia de toda la situación. Algún punto concreto en las condiciones complejas que por lo general controlan los precios, le atrae con fuerza y le impresiona como algo que seguramente tendrá su efecto en el mercado. Él actúa sobre esta única idea. Puede que la idea esté bien, pero otros factores de contrapeso pueden impedir que tenga su efecto natural.

Estas «nociones» se encuentran todos los días en Wall Street. Si, por ejemplo, te encuentras con un individuo muy conservador y le preguntas qué piensa acerca de la situación. «Estoy asustado por la rápida propagación de este sentimiento radical», responde. «¿Cómo podemos esperar que el capital se propagué en nuevas empresas cuando los beneficios pueden ser barridos en cualquier momento por la legislación socialista?».

Tú dices ligeramente que las cosechas son buenas, la situación bancaria sólida, los negocios activos, etc. Pero todo esto no le produce ninguna impresión. Ha vendido todas sus acciones y tiene su dinero bien guardado en los bancos. (También tiene una posición corta en una línea importante, pero no te dice esto). Él no volverá a comprar hasta que el público esté «cuerdo».

El siguiente hombre con el que hablas dice: «El mercado no puede caer demasiado con las perspectivas tan buenas que tenemos en las cosechas actuales. Las cosechas son la base de toda la negociación. Con nueve mil millones de nueva riqueza surgiendo de la tierra y fluyendo hacia los canales del comercio, estamos destinados a tener condiciones prósperas durante algún tiempo».

Tú hablas de radicalismo, legislación adversa, alto costo de vida, etc.; pero él piensa que esto es poco importante en comparación con esos 9.000.000.000 $ de nuevas riquezas. Por supuesto, él tiene una posición larga de acciones.

«Para hacer que lo peor parezca la mejor razón», dijo el Sr. Sócrates, hace poco tiempo. Es una lástima que no podamos tener la sabiduría de Sócrates en Wall Street. El método socrático aplicado al especulador promedio produciría resultados realmente divertidos.

Ten cuidado de decir: «Este es el factor más importante de la situación», a menos que la acción del mercado demuestre que otros están de acuerdo contigo. Cada mente humana tiene sus propias peculiaridades, por lo que presumiblemente la tuya las tiene, aunque no puedas verlas de manera clara; pero la bolsa de valores es la reunión de muchas mentes, con todas las peculiaridades que te puedas imaginar.

Por importante que pueda parecerte un único factor en la situación, ello no va a controlar el movimiento de los precios independientemente de todo lo demás.

Un ejemplo exagerado de «hacerse una idea» se ve en la llamada «corazonada». Este término parece significar, cuando tiene algún significado, una especie de instinto repentino tan fuerte que induce al operador a seguirlo sin tener en cuenta la razón. En la mayoría de los casos, la «corazonada» no es más que un fuerte impulso.

A veces, casi cualquier hombre de negocios dirá: «Tengo la sensación de que no deberíamos hacer esto» o «De alguna manera no me gusta esa propuesta», sin poder explicar de manera clara los motivos de su oposición. Del mismo modo, la «corazonada» de un hombre que ha estado observando la bolsa durante media vida puede que no le falte valor. En este caso, sin duda representa una acumulación de pequeños indicios, cada uno de ellos tan insignificante o tan evasivo que el operador no puede ordenarlos y revisarlos con claridad ni siquiera en su propia mente.

Solo el operador experimentado tiene derecho a sentir una «corazonada». El novato, o el hombre que no está en contacto cercano con las condiciones técnicas, simplemente está haciendo un ridículo fuera de lo normal cuando habla de haber tenido una «corazonada».

El operador que tiene éxito aprende progresivamente a estudiar sus propias características psicológicas y permite, en cierta medida, sus errores de juicio habituales. Si se da cuente de que, por lo general se precipita demasiado al llegar a una conclusión, aprende a esperar y a reflexionar más. Después de haber tomado su decisión, la retira y la deja en un estante para que madure. Él hace solo una parte de su operación total en el momento en que se siente más seguro, manteniendo el resto en reserva.

Si se da cuenta de que suele ser demasiado precavido, con el tiempo aprende a ser un poco más atrevido, a comprar una parte de su línea de acciones mientras su mente todavía está parcialmente envuelta en la niebla de la duda.

La mayoría de las sugerencias prácticas que se pueden ofrecer son por necesidad de carácter negativo. Podemos señalar los errores que hay que evitarse con mucho más éxito que el hecho de establecer un curso de acción positivo. Pero el siguiente resumen puede ser de bastante utilidad para el operador activo:

(1) Tu principal objetivo debe ser mantener la mente de manera clara y equilibrada. Por tanto, no te precipites ante una información aparentemente sensacionalista; no operes con tanta fuerza como para ponerse ansioso; y no te dejes influir por tu posición en el mercado.

(2) Actúa según tu propio juicio, o bien, actúa absolutamente según el juicio de otro, independientemente de tu propia opinión. «Demasiados cocineros estropean el caldo».

(3) En caso de duda, mantente fuera del mercado. Los períodos en espera cuestan menos que las pérdidas.

(4) Esfuérzate por tratar de captar la tendencia del sentimiento de mercado. Incluso si esta fuera por algún tiempo en contra de las condiciones fundamentales, ya que no es rentable oponerse a ella.

(5) El mayor defecto de noventa y nueve de cada cien operadores activos es ser alcista cuando los precios son altos y bajista cuando los precios son bajos. Por lo tanto, evita seguir el mercado más allá de lo que consideras un clímax de compras o de ventas razonable, sin importar lo grandes que sean los posibles beneficios que pueda parecer que estás perdiendo por la inactividad.

El campo cubierto por estos capítulos es en gran parte nuevo. A medida que te vayas haciendo más culto, se podrá hablar con mayor precisión científica. Mientras tanto, el autor espera que sus comentarios y sugerencias puedan ser de alguna utilidad para ayudar a los lectores a evitar riesgos que se pueden cometer por imprudencias y a aplicar principios sólidos de análisis a la situación especulativa o de inversión.

Otros Libros Traducidos por I.A. Ortega

El Juego de Wall Street, y Cómo Jugarlo con Éxito

Hoyle. Traducción de I.A. Ortega. *El Juego de Wall Street, y Cómo Jugarlo con Éxito*. Publicación independiente, 2020. Edición original publicada en 1898

Cómo Opero e Invierto en Acciones y Bonos

Richard D. Wyckoff. Traducción de I.A. Ortega. *Cómo Opero e Invierto en Acciones y Bonos: Siendo Algunos Métodos Desarrollados y Adoptados Durante Mis Treinta Años de Experiencia en Wall Street*. Publicación independiente, 2021. Edición original publicada en 1925